Tiziana Cignatta

Rue Mouffetard

Le français de l'alimentation et de la restauration

Rédaction : Domitille Hatuel, Cristina Spano
Conception graphique et direction artistique : Nadia Maestri
Mise en page : Veronica Paganin
Illustrations : Simone Massoni
Recherches iconographiques : Laura Lagomarsino, Giovanni Merlo Bertazzoni

Première édition : avril 2005

Crédits photographiques : archives Cideb

Nous souhaitons remercier tous ceux qui ont collaboré à la réalisation de ce livre.

Pour toute suggestion ou information la rédaction peut être contactée :
info@blackcat-cideb.com
www.blackcat-cideb.com

CISQ CISQ CERT
TEXTBOOKS AND TEACHING MATERIALS
The quality of the publisher's design, production and sales processes has been certified to the standard of
UNI EN ISO 9001

ISBN 978-88-530-0574-8 Livre + CD

Imprimé en Italie par L.E.G.O., Lavis (TN)

Rue Mouffetard
Le français de l'alimentation et de la restauration

Rue Mouffetard vise à développer et renforcer chez l'apprenant les compétences lexicales des domaines de l'alimentation et de la restauration.

Inspiré de cette rue parisienne, célèbre pour ses magasins et ses bistrots, ce manuel propose un parcours d'apprentissage qui conduit à la découverte de la richesse de la langue et de la gastronomie françaises.

Les dimensions culturelle et linguistique se croisent et l'apprentissage du lexique devient le *fil rouge* qui invite à la découverte d'un vrai quartier parisien.

Le guide de l'apprenant est Michel, un jeune qui idéalement habite Rue Mouffetard. Ensemble, ils partent faire les courses à la recherche des ingrédients pour préparer un bon repas : des fruits et légumes au poisson, de la viande aux herbes aromatiques et aux épices, du pain au fromage, sans oublier le dessert et le vin.

À l'intérieur de chaque *unité-magasin,* un répertoire d'exercices, ample et varié, permet la mémorisation des mots présentés dans les différentes vitrines.

Chez Michel, l'apprenant pourra connaître les habitudes alimentaires des Français ; plus tard, au *restaurant Mouffetard* et au *café du Vieux-Paris*, il découvrira la composition du menu, les ustensiles de salle et de cuisine, les brigades de restaurant et de cuisine, les noms des plats et des boissons.

Une fois arrivé à la *librairie La Mouff*, il pourra réfléchir sur les faux amis, devenir un « France-trotter » gastronomique et lire quelques textes : onomatopées et comptines, chansons et récits.

La dimension ludique est présente dans le manuel à travers des jeux et de multiples activités ; des locutions figurées et des dictons enrichissent le vocabulaire.

Des fiches d'auto-évaluation permettent en outre à l'apprenant de vérifier ses acquis avant de se dédier à une nouvelle partie.

L'attention donnée à l'apprentissage de la langue, et notamment du lexique, à visée professionnelle, fait que ce manuel se prête à l'emploi dans les trois premières années d'un lycée hôtelier (options cuisine et restaurant). Dans ce cas, son introduction précoce favorise l'apprentissage d'un vocabulaire de spécialité indispensable au développement de la compétence linguistique en Français sur Objectifs Spécifiques (FOS).

La richesse du matériel et la variété des activités proposées permettent aussi d'introduire *Rue Mouffetard* en tant que manuel de langue et civilisation : il implique l'apprenant et éveille son intérêt à l'égard d'aspects linguistiques et culturels qui, tout en suivant une progression cohérente et soignée, ouvrent une dimension importante – et pas toujours très connue – à l'apprentissage du français.

Rue Mouffetard

Les mots indiqués par ce symbole * se trouvent dans le *Glossaire*.

Chez le marchand de fruits et légumes

À chaque fruit... sa saison !

Printemps

la cerise

la fraise

la griotte

la nèfle

Été

l'abricot

l'amande

l'avocat

le cassis

la figue

la figue
de Barbarie

la fraise
des bois

la framboise

le fruit de
la passion

la groseille

le melon

la mûre

la myrtille

la nectarine
le brugnon

la pastèque

la pêche

le pignon

la prune

Automne

le cédrat

la châtaigne
le marron

le coing

la grenade

le kaki

la noisette

la noix

la pistache

le raisin

Hiver

la carambole

la datte

le kiwi

le kumquat

le litchi

la mandarine
la clémentine

la noix de cajou
l'anacarde

l'orange

le pamplemousse

7

Toute l'année

l'ananas

la banane

le citron

la lime

la mangue

la noix de coco

la papaye

la poire

le pomélo

la pomme

le pruneau

le raisin sec

1 *Des fruits en... famille !*
Cherchez dans les images précédentes les fruits qui appartiennent à chacune des
catégories suivantes, puis écrivez leurs noms. Attention ! Il y a des fruits qui peuvent être
insérés dans plusieurs catégories !

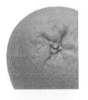
Les agrumes : ....
....
....
....

Les fruits exotiques : ....
....
....
....

Les fruits à noyau : ....
....
....
....

Les fruits à pépins : ....
....
....
....

Les fruits rouges : ....

....

....

....

Les fruits secs : ....

....

....

....

2 Je mange volontiers...
Identifiez le fruit sur la base de ses caractéristiques.

1 ...un fruit estival, jaune orangé, à la peau veloutée :

☐ orange   ☐ abricot   ☐ ananas

2 ...un fruit rouge, petit et rond. C'est un fruit à noyau :

☐ cassis   ☐ cerise   ☐ mûre

3 ...un petit fruit estival rond, blanc ou rouge. Ses grappes ont de sept à vingt baies :

☐ groseille   ☐ raisin   ☐ myrtille

4 ...en confiture ou en gelée, le seul fruit qu'on ne puisse pas consommer tel quel :

☐ litchi   ☐ noix de cajou   ☐ coing

5 ...ce que tout le monde considère comme un fruit, mais qui pour les botanistes est un légume :

☐ melon   ☐ mangue   ☐ poire

3 Un peu d'étymologie.
L'origine du mot est, à votre avis, vraie (V) ou fausse (F) ?

		V	F
1	Le mot *ananas*, créé par des populations indigènes d'Amérique du Sud, signifie *parfum*.	☐	☐
2	Le *fruit de la passion* est originaire du Mexique. Son nom dérive du mot *amour*.	☐	☐
3	La *datte* doit son nom au latin *dactylus*, car elle rassemble à un doigt.	☐	☐
4	Le *kumquat*, d'origine africaine, signifie *petit fruit*.	☐	☐
5	La *mandarine*, originaire de Chine, doit son nom aux anciens dignitaires de ce pays, les *mandarins*.	☐	☐

4 Chassez l'intrus !

1 Amande – noix – orange – noisette – pistache.

2 Framboise – abricot – nectarine – pêche – prune.

3 Poire – raisin – pomme – ananas – melon.

4 Pastèque – griotte – fraise des bois – châtaigne – nectarine.

5 Mandarine – pomélo – pamplemousse – kumquat – pruneau.

5 Un pot de confiture.
Insérez dans chaque étiquette le nom du fruit correspondant.

 ....

 ....

 ....

6 Un quartier d'orange.
Associez chaque fruit à sa partie.

1	☐ Cerneau	a Abricot	6	☐ Queue	f Citron
2	☐ Coque	b Ananas	7	☐ Rondelle	g Cerise
3	☐ Grain	c Noisette	8	☐ Tranche	h Noix
4	☐ Peau	d Raisin	9	☐ Trognon	i Banane
5	☐ Pulpe	e Pomme	10	☐ Zeste	j Melon

7 Le coin des ustensiles.
Associez l'ustensile à sa fonction.

a le casse-noix

b le couteau de cuisine

c le dénoyauteur

d le mixeur

e le presse-citron

f le vide-pomme

Cet ustensile est utilisé pour...

1 ☐ ...presser les agrumes.

2 ☐ ....enlever les noyaux.

3 ☐ ...mixer.

4 ☐ ...couper les fruits.

5 ☐ ...enlever le trognon d'une pomme.

6 ☐ ...casser les noix.

8 *Dites-le... avec des fruits !*
Faites correspondre chaque locution au dessin.

1 ☐ Glisser sur une peau de banane.

2 ☐ Presser quelqu'un comme un citron.

3 ☐ Devenir rouge comme une cerise.

4 ☐ Être ridé comme une vieille pomme.

5 ☐ Avoir la pêche.

d

c

a

b

e

Production orale **DELF**

1 **Vous vous êtes promenés dans la forêt et vous avez rempli un panier de fruits rouges.**
Présentez son contenu à un ami qui est resté à la maison : « Dans mon panier, il y a... »

2 **Vous voulez offrir à votre mère une corbeille de fruits exotiques. Vous en parlez à votre sœur :**
« Dans la corbeille de fruits exotiques pour maman, il y a... »

Vous le saviez déjà ?

Jusqu'au début du XXᵉ siècle, l'*orange* fut un fruit tellement rare et coûteux que sa consommation était limitée à la fête de Noël. De nos jours, l'orange est le deuxième fruit le plus consommé en France, précédé seulement par la pomme.

Des légumes pour tous les goûts

Printemps

l'artichaut

l'asperge

la fève fraîche

le petit pois

Été

l'aubergine

le concombre

le cornichon

la courgette

le haricot

le haricot vert

la laitue romaine

le poivron

la tomate

Automne

l'arachide
la cacahuète

le cèpe

la chicorée frisée

le chou

le chou-fleur

la citrouille

le potiron

le fenouil

la courge

la mâche

le navet

la truffe

Hiver

le brocoli

le céleri-rave

la chicorée
trévise

le chou
de Bruxelles

l'endive

Toute l'année

la betterave rouge   la bette / la blette   la carotte   le céleri-branche

le champignon de Paris   l'épinard   la fève sèche   la lentille

le pois chiche   la pomme de terre   le radis   la roquette

1   *Des légumes en... famille !*
Cherchez dans les images précédentes les légumes qui appartiennent à chacune des catégories suivantes, puis écrivez leurs noms.

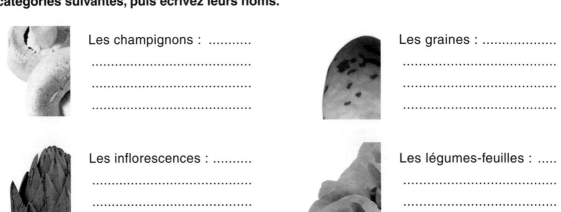

Les champignons : ....
....
....
....

Les graines : ....
....
....
....

Les inflorescences : ....
....
....
....

Les légumes-feuilles : .....
....
....
....

Les légumes-fruits : ....
....
....
....

Les légumes-racines : .....
....
....
....

Les légumes-tiges : ....
....
....
....

Les tubercules : ....
....
....
....

2 *La préparation des légumes.*

a   D'abord, associez chaque légume à son verbe...

1 ☐ Couper   **a** Carotte   5 ☐ Équeuter   **e** Concombre

2 ☐ Écosser   **b** Salade   6 ☐ Laver   **f** Petit pois

3 ☐ Épépiner   **c** Pomme de terre   7 ☐ Nettoyer   **g** Haricot vert

4 ☐ Éplucher   **d** Tomate   8 ☐ Râper   **h** Épinard

b   ...ensuite, faites correspondre chaque préparation à la définition appropriée.

Des légumes en...

1 ☐ ...brunoise   **a** Mélange de légumes coupés en menus morceaux.

2 ☐ ...julienne   **b** Mélange de légumes cuits, coupés et mêlés à une mayonnaise.

3 ☐ ...macédoine   **c** Légumes coupés en petits dés utilisés comme garniture*.

4 ☐ ...salade russe   **d** Légumes, par exemple carottes, coupés en fins bâtonnets et servis comme garniture.

3 *Devinez le légume !*

1   Vous pouvez m'apprécier en frites, en purée, au four, bouillie, sous la cendre, sautée. Tous les jeunes m'aiment bien ! ....

2   Je suis petit et j'ai des feuilles vertes bien serrées. Je porte le nom de la capitale belge : ....

3   J'ai de belles feuilles vertes, on me croit riche en fer, mais je le suis surtout en vitamines. Demandez à Popeye, il me connaît bien ! ....

4   Je suis verte et de forme oblongue, à la peau fine. Même mes fleurs sont délicieuses ! ....

5   Je suis une grosse courge de couleur jaune orangé. C'est grâce à Cendrillon que je suis devenue célèbre ! ....

4 Un plat célèbre : la salade niçoise.

Ingrédients (pour 4 personnes)

1 laitue

4 tomates

2 petits oignons rouges ou blancs

3 œufs durs

1 petite boîte de thon

1 petite boîte de filets d'anchois

1 poivron rouge

1 poivron vert

150 g de haricots verts

1 bulbe de fenouil

1 concombre

1 branche de basilic frais

70 g d'olives noires

6 cuillères à soupe de vinaigrette* au vinaigre de vin

huile d'olive

sel

Mais comment la réaliser ? Le chef Marc va vous aider !
Faites correspondre chaque phase de préparation à l'image.

1 ☐ Équeuter les haricots verts et les plonger dans une casserole d'eau bouillante additionnée de sel. Cuire 15 minutes environ.

2 ☐ Dans l'eau de cuisson des haricots, plonger les tomates 30 secondes. Les rafraîchir, les peler, les épépiner, les couper en quartiers et les réserver dans un bol.

3 ☐ Débarrasser les poivrons de leurs pépins et des parties intérieures blanches. Les détailler en lanières.

4 ☐ Égoutter le thon et les anchois.

5 ☐ Émincer le fenouil en lamelles et l'oignon en rondelles, peler le concombre et le couper en tranches.

6 ☐ Dans un saladier, additionner l'huile d'olive à la vinaigrette.

7 ☐ Ajouter la laitue coupée en chiffonnade*, tous les légumes et le thon émietté. Mélanger.

8 ☐ Décorer avec les œufs coupés en quartiers, les olives, les filets d'anchois et quelques feuilles de basilic ciselées*.

9 ☐ Réfrigérer 30 minutes environ avant de servir.

5 *Les verbes de la recette.*
Avez-vous bien compris ce que vous devez faire pour préparer la *salade niçoise* **?**
Faites correspondre chaque verbe à sa définition.

1 ☐ Additionner   **a**   Réduire en petits morceaux, le pain, par exemple.

2 ☐ Débarrasser   **b**   Couper en morceaux.

3 ☐ Détailler   **c**   Immerger dans un liquide.

4 ☐ Égoutter   **d**   Ajouter.

5 ☐ Émietter   **e**   Dépouiller un légume de sa peau.

6 ☐ Émincer   **f**   Ajouter de l'eau pour refroidir un légume.

7 ☐ Peler   **g**   Priver.

8 ☐ Plonger   **h**   Couper en tranches fines et régulières.

9 ☐ Rafraîchir   **i**   Mettre de côté.

10 ☐ Réserver   **j**   Débarrasser un aliment du liquide qu'il contient.

6 *Des légumes... grillés !*
Complétez la grille : vous obtiendrez le nom d'un légume racine.

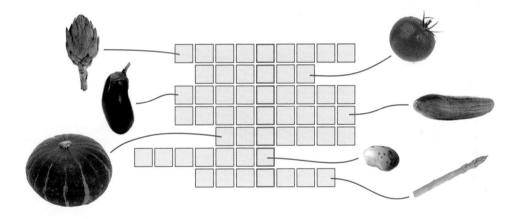

Le légume racine est la _ _ _ _ _ _ _ .

7 *Le coin des ustensiles.*
Associez le terme à l'ustensile correspondant.

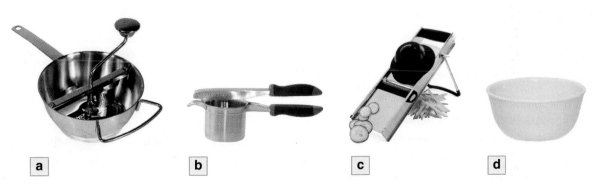

a   b   c   d

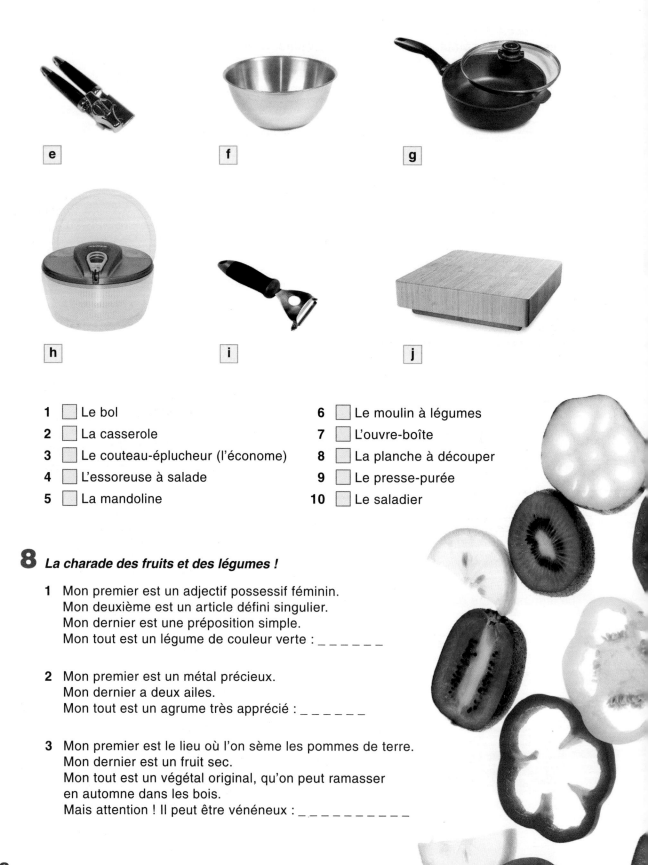

e
f
g

h
i
j

1 ☐ Le bol
2 ☐ La casserole
3 ☐ Le couteau-éplucheur (l'économe)
4 ☐ L'essoreuse à salade
5 ☐ La mandoline

6 ☐ Le moulin à légumes
7 ☐ L'ouvre-boîte
8 ☐ La planche à découper
9 ☐ Le presse-purée
10 ☐ Le saladier

8 *La charade des fruits et des légumes !*

1 Mon premier est un adjectif possessif féminin.
Mon deuxième est un article défini singulier.
Mon dernier est une préposition simple.
Mon tout est un légume de couleur verte : _ _ _ _ _ _

2 Mon premier est un métal précieux.
Mon dernier a deux ailes.
Mon tout est un agrume très apprécié : _ _ _ _ _ _

3 Mon premier est le lieu où l'on sème les pommes de terre.
Mon dernier est un fruit sec.
Mon tout est un végétal original, qu'on peut ramasser
en automne dans les bois.
Mais attention ! Il peut être vénéneux : _ _ _ _ _ _ _ _ _ _

9 *La palette de la nature.*
Choisissez les couleurs des fruits et des légumes. Attention à l'accord !

blanc / blanche   jaune   marron   noisette   orange   prune

rose   rouge   vert / verte   violet / violette

1 Une peau de pêche est ....   **2** ...., ..., ...,
.... sont les couleurs de deux fruits secs, d'un agrume et d'un fruit à noyau.
3 L'asperge peut être ...., ... ou ....   **4** Le poivron peut être
...................., ..., ..., selon les variétés et le degré de maturation.

Production écrite DELF

Vous laissez un message à votre frère qui doit aller faire les courses au marché.

Tu dois acheter...

Vous le saviez déjà ?

La *pomme de terre* est aujourd'hui le légume le plus consommé en France. Il en existe près de 4 000 variétés. Mais ce tubercule, parti du Pérou à la conquête du monde, découvert en France par l'agronome Antoine Augustin Parmentier, n'a pas été facilement accepté. Considéré un aliment pauvre, ce n'est qu'à l'époque de Louis XIV, qui cherche un substitut du pain à cause de la famine, qu'il entre dans l'alimentation française.

Bien. Et maintenant qu'on a un panier bien rempli de fruits et de légumes, pour préparer notre repas il nous faut du poisson frais. On peut aller rendre visite à Jean, le poissonnier du coin. Qu'est-ce que vous en pensez ? D'autre part, des fruits aux fruits de mer il n'y a qu'un pas...

Chez le poissonnier

Les poissons et les fruits de mer

Les poissons de mer

l'anchois

la baudroie*

le bar*

le cabillaud, la morue

le congre

le dentex

la dorade

l'espadon

l'esturgeon

le flétan

le grondin

le hareng

le maquereau

le merlan

le mérou

le mulet

la raie

la rascasse

le rouget

le saint-pierre

la sardine

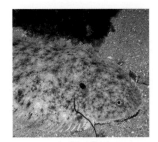
la sole

le thon

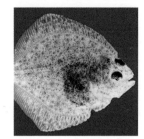
le turbot

Les poissons d'eau douce ou de rivière

l'anguille

le brochet

la carpe

la perche

le poisson-chat

le saumon

la tanche

la truite

Les crustacés

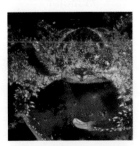
l'araignée de mer

le crabe

la crevette

le homard

la langouste

la langoustine

le tourteau

Les mollusques

a les mollusques protégés par une coquille

1 les bivalves : la coquille est articulée à deux valves

la coque

la coquille
Saint-Jacques

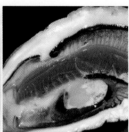
l'huître

la moule

la palourde*

2 une seule coquille spiralée

3 une seule coquille conique

la praire

le bigorneau

le bulot

la patelle

b les mollusques qui n'ont pas de coquille

le calmar

le poulpe

la seiche

S'il te plaît, dessine-moi un... poisson !

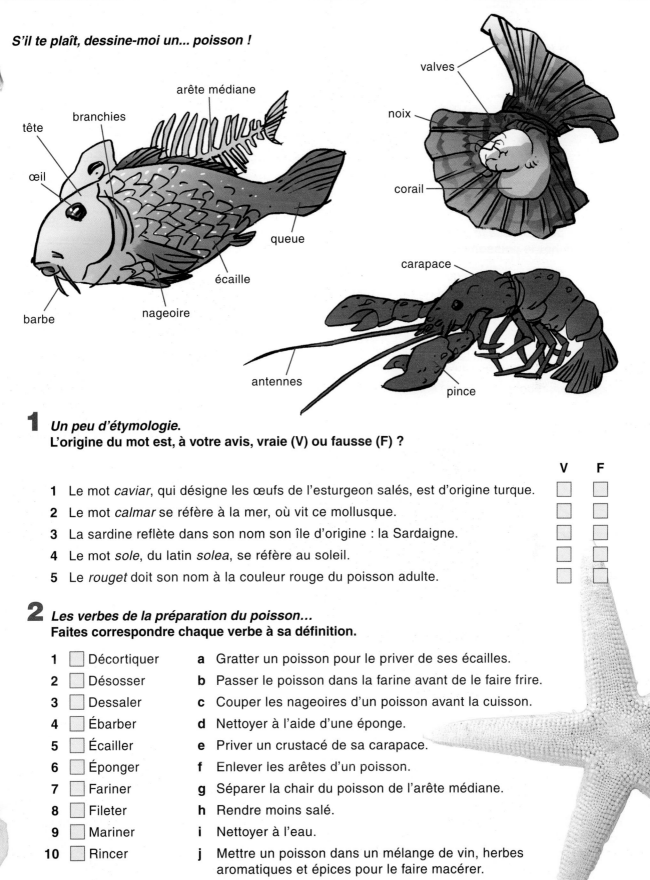

arête médiane

branchies

tête

œil

valves

noix

corail

queue

écaille

barbe

nageoire

carapace

antennes

pince

---

1 *Un peu d'étymologie.*
L'origine du mot est, à votre avis, vraie (V) ou fausse (F) ?

		V	F
1	Le mot *caviar*, qui désigne les œufs de l'esturgeon salés, est d'origine turque.	☐	☐
2	Le mot *calmar* se réfère à la mer, où vit ce mollusque.	☐	☐
3	La sardine reflète dans son nom son île d'origine : la Sardaigne.	☐	☐
4	Le mot *sole*, du latin *solea*, se réfère au soleil.	☐	☐
5	Le *rouget* doit son nom à la couleur rouge du poisson adulte.	☐	☐

2 *Les verbes de la préparation du poisson...*
Faites correspondre chaque verbe à sa définition.

1 ☐ Décortiquer	**a** Gratter un poisson pour le priver de ses écailles.
2 ☐ Désosser	**b** Passer le poisson dans la farine avant de le faire frire.
3 ☐ Dessaler	**c** Couper les nageoires d'un poisson avant la cuisson.
4 ☐ Ébarber	**d** Nettoyer à l'aide d'une éponge.
5 ☐ Écailler	**e** Priver un crustacé de sa carapace.
6 ☐ Éponger	**f** Enlever les arêtes d'un poisson.
7 ☐ Fariner	**g** Séparer la chair du poisson de l'arête médiane.
8 ☐ Fileter	**h** Rendre moins salé.
9 ☐ Mariner	**i** Nettoyer à l'eau.
10 ☐ Rincer	**j** Mettre un poisson dans un mélange de vin, herbes aromatiques et épices pour le faire macérer.

3 *...et les mots de la cuisson !*

1 ☐ Brochette   **a** Faire cuire à petit feu dans un liquide bouillant.

2 ☐ Court-bouillon   **b** Bouillon de poisson très concentré.

3 ☐ Fumet   **c** Petits morceaux de poisson insérés sur une pique, à faire griller ou rôtir.

4 ☐ Papillote   **d** Liquide enrichi d'herbes aromatiques et épices, dans lequel on fait cuire le poisson.

5 ☐ Pocher   **e** Papier d'aluminium qui enveloppe le poisson à cuire dans le four.

4 *Le poisson que je préfère.*
Cochez le poisson correspondant à la définition.

1 C'est un poisson qui fréquente les torrents et les rivières. Son dos est marqué de taches noires et rouges. Sa chair est excellente, nature ou fumée :

☐ anguille   ☐ brochet   ☐ truite

2 C'est un poisson plat, au museau arrondi, qui vit sur les fonds sablonneux. On le propose souvent fariné, meunière :

☐ rouget   ☐ sole   ☐ bar

3 C'est un géant de la mer, à la chair plus rouge que les autres poissons. Mais il finit souvent en boîte... :

☐ raie   ☐ thon   ☐ dorade

5 *Un plat de poisson.*
Quelle est la bonne saison pour le proposer ?
Cochez la bonne case. Aidez-vous des saisons des fruits et des légumes !

Plat	Printemps	Été	Automne	Hiver
Dorade rôtie au citron avec marmelade de tomates vertes				
Brochettes de thon au raisin				
Langoustines sur un lit de mâche				
Thon blanc fumé aux figues fraîches				
Truite pochée aux petits pois et aux asperges				
Blanc de bar à la truffe				
Sardines farcies avec garniture de poivrons rouges				
Filet de sole à l'orange				

6 *Ce plat est à base de...*

Savez-vous retrouver les bons ingrédients pour préparer les plats suivants ? Effacez les trois éléments qui, à votre avis, ne seront pas utiles.

1 *Carpaccio de saumon*

Ingrédients

saumon, orange, huile d'olive, citron, sel, aubergine, poivre, parmesan, concombre

2 *Cocktail de crevettes et pamplemousse*

Ingrédients

crabes, farine , pamplemousse , vinaigre, crevettes, mayonnaise

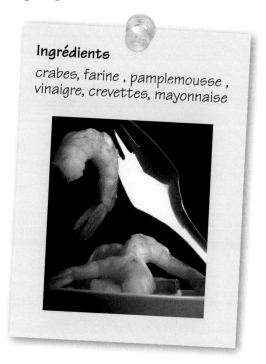

7 *Brochettes de Saint-Jacques aux légumes.*

Le texte de la recette est donné pêle-mêle. Remettez ses phases (de 1 à 7) dans le bon ordre !

Ingrédients (pour 4 personnes)

24 noix de Saint-Jacques

8 carottes nouvelles

8 petits oignons blancs

4 poireaux

huile

sel

☐ Faire blanchir* ces légumes dans une casserole d'eau bouillante salée pendant 10 minutes.

☐ Faire cuire au barbecue pendant 3 minutes environ de chaque côté.

☐ Ils doivent rester légèrement croquants.

☐ Rincer et éponger les noix de Saint-Jacques ; les enfiler sur des brochettes huilées. Intercaler les carottes, les poireaux et les oignons.

☐ Couper les carottes en deux morceaux et les poireaux en quatre tronçons.

1 Éplucher les oignons et les poireaux, peler les carottes.

☐ Les égoutter.

8 *Le coin des ustensiles.*
Associez l'ustensile à sa fonction.

a le couteau à huîtres   **b** l'écumoire   **c** la pince à homard

d la pique à brochette   **e** le plat à poisson   **f** la poissonnière

Cet ustensile est utilisé pour...

1 ☐ écumer ou retirer des aliments d'un liquide.   **4** ☐ cuire des poissons.

2 ☐ saisir les crustacés.   **5** ☐ préparer les brochettes.

3 ☐ ouvrir les huîtres.   **6** ☐ servir un poisson.

9 *Dites-le... avec du poisson !*
a Les locutions figurées suivantes ont-elles un sens positif ou négatif ?
Cochez la bonne case.

Être heureux comme un poisson dans l'eau		
Être glissant comme un poisson		
Engueuler quelqu'un comme du poisson pourri		
Une histoire qui finit en queue de poisson		
Nager comme un poisson		
N'être ni chair ni poisson		

b À chaque dicton... le bon poisson !

« Voilà le mariage de la carpe et du lapin ! »

carpe	crabe	hareng	homard	huître

1 Si je marche de côté, je marche en _ _ _ _ _

2 Si je suis très timide, je deviens rouge comme un _ _ _ _ _ _

3 Si je suis très maigre, je suis sec comme un _ _ _ _ _ _

4 Si n'ai rien à dire, je reste muet comme une _ _ _ _ _

5 Si j'ai un caractère introverti, je suis fermé comme une _ _ _ _ _ _

10 L'œil à la pêche !
Cherchez onze noms de poissons (de mer et d'eau douce).
Vous obtiendrez une autre façon d'appeler un des poissons de mer !

Le mot est : _ _ _ _

S	A	U	M	O	N	L
A	N	C	H	O	I	S
R	G	T	S	O	L	E
D	U	H	R	O	C	I
I	I	O	A	B	A	C
N	L	N	I	A	R	H
E	L	U	E	R	P	E
P	E	R	C	H	E	P

Production écrite DELF

À votre ligne !
Vous devez réaliser une bonne soupe de poissons.
Préparez une liste des poissons et des fruits de mer nécessaires.

Mes courses...
_____
_____
_____
_____

Et voilà. Maintenant, après avoir acheté les mollusques pour préparer les **brochettes de Saint-Jacques aux légumes**, on va chez Louis, **le boucher**. Il ne faut pas l'oublier : à la carte, après un plat de poisson, on propose un plat de viande...

Vous le saviez déjà ?

Les *escargots* sont les seuls mollusques terrestres. Aujourd'hui, ils ne sont pas seulement récoltés dans la nature : l'élevage des escargots s'appelle *héliciculture*. En effet, les escargots sont l'objet de nombreuses préparations culinaires : la plus traditionnelle est celle des *escargots de Bourgogne*, avec du beurre, du persil et de l'ail.

Chez le boucher-charcutier

Les viandes de boucherie

l'agneau

le bœuf

le cheval

la chèvre

le mouton

le porc

le veau

La volaille

le canard

la canette
le caneton

le chapon

le coq

la dinde

le dindon

le lapin

l'oie

le pigeon d'élevage

la pintade

la poule

le poulet

Le gibier

a   à plumes

la bécasse

la caille

le canard sauvage

le faisan

la grive

le perdreau

la perdrix

le pigeon

b   à poil

la biche

le cerf

le chevreuil

le daim

le lapin de garenne

le lièvre

le sanglier

1 Des spécialités de charcuterie.

La charcuterie comprend les préparations à base de porc, mais aussi les plats cuisinés tels que les terrines et les pâtés. Faites correspondre la préparation à l'image !

1 ☐ Le boudin noir   a

2 ☐ Le jambon blanc   b

3 ☐ Le jambon cru   c

4 ☐ Le pâté de foie gras   d

5 ☐ La saucisse   e

6 ☐ Le saucisson   f

2 Les animaux de la ferme.

Les membres de chaque famille – mâle, femelle et petit(s) – se sont perdus.
Pouvez-vous les retrouver parmi les animaux donnés pêle-mêle ?

taureau   jument   porcelet   bélier   bouc   coq   agneau   vache   truie   poulain
agnelle   verrat   chèvre   poule   brebis   veau   cheval   poulet   chevreau

Bovins

Caprins

Poulets

LES ANIMAUX DE LA FERME

Équins

Porcins

Ovins

3 *Blanche, rouge ou noire ?*
Les couleurs de la viande. Cochez la bonne case.

	Viande blanche	Viande rouge	Viande noire
Agneau			
Bœuf			
Cheval			
Gibier à plumes			
Gibier à poil			
Lapin			
Mouton			
Porc			
Veau			
Volaille			

4 *Un peu d'étymologie.*
L'origine du mot est, à votre avis, vraie (V) ou fausse (F) ?

		V	F
1	*Boucher* vient du mot *bœuf*.	☐	☐
2	*Viande* vient du latin médiéval *vivanda*.	☐	☐
3	*Charcutier* vient de *chaircuttier*.	☐	☐
4	*Coq* vient du bas latin *coccus* et se réfère au cri de l'animal.	☐	☐
5	*Poule* signifie femelle de l'animal.	☐	☐

5 *Dis-moi ce que tu manges...*
Cochez la bonne case.

	Agneau	Bœuf	Porc	Veau	Volaille
Ailes					
Blanc					
Blanquette					
Boudin					
Escalope					
Foie gras					
Gigot					
Jambon braisé					
Hamburger					
Noix					
Rouelle					
Steak					

6 *Ah, un steak frites !*
C'est un des plats préférés des jeunes. Et vous, vous l'aimez comment, votre steak ?
Complétez avec les définitions correctes, données pêle-mêle.

> rose seulement au centre   presque cru à l'intérieur
> la chair encore rose   la cuisson a duré plus longtemps

1 Un bifteck bleu est ....

2 Un bifteck saignant a ....

3 Un bifteck à point est ....

4 Un bifteck est bien cuit quand ....

7 *Un plat de viande.*
Quelle est la bonne saison pour le proposer ?
Cochez la bonne case. Aidez-vous des saisons des fruits et des légumes !

1 Le *sauté de veau à la provençale avec gratin de courgettes* est un plat...
☐ estival.   ☐ printanier.   ☐ automnal.

2 La *canette rôtie aux cerises* est un plat...
☐ hivernal.   ☐ automnal.   ☐ printanier.

3 La *selle d'agneau aux champignons* est un plat...
☐ printanier.   ☐ automnal.   ☐ estival.

4 La *côte de veau rôtie aux asperges vertes et parmesan* est un plat...
☐ hivernal.   ☐ printanier.   ☐ automnal.

5 Le *saucisson chaud à la lyonnaise* est un plat...
☐ printanier.   ☐ estival.   ☐ hivernal.

8 *Poulet grillé à la diable.*
Insérez dans le texte les verbes nécessaires, écrits pêle-mêle en bas des ingrédients.

Ingrédients (pour 4 personnes)

4 cuisses de poulet

1 œuf

1 cuillère à soupe d'huile d'olive

1 pincée d'herbes de Provence

1 cuillère à soupe
de moutarde

40 g de chapelure

30 g de beurre

1 laitue romaine

4 cuillères à soupe de vinaigrette

sel, poivre

Pour la sauce

1 échalote

2 cuillères à soupe de vinaigre de Xérès

1 pincée de piment de Cayenne

20 dl de crème fraîche

2 cuillères à soupe de persil haché

sel, poivre du moulin

Préparation

| assaisonner (2) | badigeonner | cuire | enrober | incorporer |
| mariner | napper | parsemer | poser | servir |

1 _ _ _ _ _ _ _ _ _ _ _ les cuisses de poulet de sel et de poivre. Les faire _ _ _ _ _ _ _ 24 heures dans l'œuf battu avec l'huile d'olive et les herbes de Provence.

2 _ _ _ _ _ _ _ _ _ _ _ les cuisses de moutarde et les _ _ _ _ _ _ _ de chapelure.

3 _ _ _ _ _ un morceau de beurre sur les quatre cuisses et les _ _ _ _ _ au four préchauffé à 180° C pendant environ 30 minutes. Arroser* souvent.

4 Faire réduire le vinaigre avec l'échalote émincée. _ _ _ _ _ _ _ _ _ _ la crème fraîche. Ajouter le beurre en fouettant*.

5 _ _ _ _ _ _ _ _ _ _ de sel, de poivre, d'une pointe de couteau de piment de Cayenne, _ _ _ _ _ _ _ _ de persil ciselé.

6 Dans chaque assiette, _ _ _ _ _ _ la cuisse de poulet avec la sauce.

7 _ _ _ _ _ _ accompagné de salade à la vinaigrette.

9 Les verbes de la préparation de la viande…
Faites correspondre chaque verbe à sa définition.

1 ☐ Assaisonner   **a** Passer la viande dans la chapelure, croûte de pain râpée.

2 ☐ Badigeonner   **b** Enlever les plumes, d'un poulet, par exemple.

3 ☐ Découper   **c** Passer sur la surface de la viande avec un liquide (per exemple huile) à l'aide d'un pinceau.

4 ☐ Désosser   **d** Recouvrir la viande d'une sauce, d'une gelée.

5 ☐ Embrocher   **e** Enlever les os de la viande, de la volaille, du gibier.

6 ☐ Enrober   **f** Relever le goût d'une préparation culinaire avec d'autres ingrédients (huile, vinaigre...).

7 ☐ Napper   **g** Diviser en morceaux.

8 ☐ Plumer   **h** Insérer des morceaux de viande sur une broche.

10 ...et les verbes de la cuisson !

1 ☐ Bouillir		**a**	Faire cuire à feu doux dans une casserole fermée.
2 ☐ Braiser		**b**	Cuire à la poêle.
3 ☐ Dorer		**c**	Faire cuire lentement à petit feu.
4 ☐ Griller		**d**	Cuire dans un liquide qui bout.
5 ☐ Mijoter		**e**	Faire prendre couleur à un aliment dans un corps gras.
6 ☐ Poêler		**f**	Faire cuire à feu vif en retournant la viande de temps à autre.
7 ☐ Rôtir		**g**	Faire cuire sur le gril.
8 ☐ Sauter		**h**	Faire cuire à feu vif sur le gril, à la broche ou au four.

11 Des plats français très connus !
Pouvez-vous les recomposer ? Aidez-vous des mots donnés.
Attention ! Il y en a quelques-uns qui ne vous seront pas utiles !

ananas	bière	Chateaubriand	fruits	Marengo	marrons	orange	vin

1 Canard à l' ....

2 Coq au ....

3 Dinde aux ....

4 Poulet ....

5 Steak ....

12 Chassez l'intrus !

1 Poule – coq – canard – dinde – lièvre.

2 Canard sauvage – veau – faisan – perdreau – pigeon.

3 Pintade – agneau – cheval – porc – mouton.

4 Cerf – biche – chevreuil – perdrix – lapin de garenne.

13 Le coin des ustensiles.
Associez le terme à l'ustensile correspondant.

a   b   c   d

e   f   g   h

1 ☐ la broche 2 ☐ les ciseaux à volaille 3 ☐ le couteau à désosser 4 ☐ le fouet
5 ☐ le hache-viande 6 ☐ le pinceau 7 ☐ le pilon à viande 8 ☐ la poêle

14 Défauts et vertus... bien humains !
D'abord, choisissez le mot approprié dans la liste donnée...

> bœufs coq dindon mouton pigeon saucisses

1 ☐ Il est doux comme un ....

2 ☐ Il est fier comme un ....

3 ☐ Il se pavane comme un ....

4 ☐ C'est un .... voyageur.

5 ☐ Il n'attache pas ses chiens avec des ....

6 ☐ Il met la charrue avant les ....

« Il fait un froid de canard ! »

...ensuite, associez chaque phrase à sa définition.

a On le dit d'une personne qui a une attitude vaniteuse.

b Personne avare.

c On le dit de quelqu'un qui fait tout de suite ce qu'il devrait faire après.

d Personne qui se considère supérieure aux autres.

e Personne qui part souvent en voyage.

f On le dit d'une personne qui a un caractère tranquille et aimable.

15 Le jeu du pendu des animaux.
Insérez dans les mots les lettres qui manquent.

1 P _ _ _ _ _ X   4 C _ _ _ _ _ _ _ L
2 C _ _ _ _ E   5 D_ _ _ _ N
3 L _ _ _ _ _ _ _ _ _ _ _ _ E   6 P _ _ _ _ _ _ _ _ _ _ _ E

Et voilà. Et maintenant... on va réaliser la recette et préparer un délicieux **poulet grillé à la diable**. Pour le faire, il nous faut des herbes aromatiques, les herbes de Provence, et des épices, le piment de Cayenne et le poivre du moulin. Sans oublier la moutarde... On va donc visiter **Les délices de Sophie**.

Vous le saviez déjà ?

Les Gaulois étaient réputés pour la richesse de leur production agricole, leur charcuterie et l'abondance de viande. Aux produits de l'élevage s'ajoutaient les provisions de la chasse, telles que le gibier à poil ou à plumes. Ce n'est donc pas un hasard si Uderzo et Goscinny ont imaginé un de leurs personnages les plus célèbres, Obélix, le livreur de menhirs, toujours à la recherche d'un bon sanglier pour son repas !

Auto-évaluation

	Chez le marchand de fruits et légumes				Auto-évaluation du niveau des connaissances lexicales		
Printemps	Été	Automne	Hiver	Ustensiles	😊 ++	😐 --	😞

	Chez le poissonnier				Auto-évaluation du niveau des connaissances lexicales		
Poissons de mer	Poissons d'eau douce	Crustacés	Mollusques	Ustensiles	😊 ++	😐 --	😞

	Chez le boucher-charcutier				Auto-évaluation du niveau des connaissances lexicales		
Viandes de boucherie	Volaille	Gibier	Charcuterie	Ustensiles	😊 ++	😐 --	😞

Les délices de Sophie

Les herbes aromatiques ou aromates

l'aneth	le basilic	la bourrache	le cerfeuil
la ciboulette	la coriandre	le cresson	l'estragon
le genièvre	le laurier	la marjolaine	la mélisse
la menthe	l'origan	l'oseille	le persil
la pimprenelle	le romarin	la sarriette	la sauge

le serpolet

le thym

le tilleul

la verveine

Les bulbes

l'ail

l'échalote

l'oignon

le poireau

Les épices

l'anis étoilé

l'anis vert

la cannelle

la cardamome

le clou de girofle

le cumin

le curcuma

le fenouil

le gingembre

les grains
de moutarde

la noix
de muscade

le paprika

le piment

le poivre

le safran

le sésame

la vanille

Autres condiments

les cornichons

le curry

le ketchup

l'huile

la moutarde

le sel

le tabasco

le vinaigre

39

1 Un aromate pour...
Identifiez l'herbe aromatique sur la base de ses caractéristiques !

1 Ses feuilles, en forme d'aiguilles, sont très parfumées.
On l'apprécie donc avec les grillades et les rôtis :

☐ sarriette ☐ romarin ☐ persil

2 Grâce à ses feuilles luisantes et aromatiques, on l'utilise pour parfumer les viandes et les marinades et... pour couronner les poètes !

☐ menthe ☐ thym ☐ laurier

3 Ses feuilles vertes, très parfumées, sont proposées surtout avec les tomates :

☐ sauge ☐ basilic ☐ cerfeuil

4 Ses baies noires, très aromatiques, sont utilisées pour parfumer le gibier :

☐ aneth ☐ estragon ☐ genièvre

5 C'est une herbe aux feuilles vertes très fines et au goût d'oignon, parfaite avec le poisson !

☐ ciboulette ☐ origan ☐ bourrache

2 Un peu d'étymologie.
L'origine du mot est, à votre avis, vraie (V) ou fausse (F) ?

	V	F
1 Le mot *piment* vient de l'espagnol *pimiento*, qui signifie épice.	☐	☐
2 Le mot *échalote* dérive du latin *ascalonia* et signifie *oignon d'Ascalon*, la ville de Palestine d'où ce bulbe est originaire.	☐	☐
3 Le mot *ketchup*, qui indique une sauce à base de tomates, est d'origine allemande.	☐	☐
4 Le mot *paprika*, d'origine chinoise, indique une épice très utilisée en Asie.	☐	☐
5 La *cannelle* reprend dans son nom sa forme de petit tuyau.	☐	☐

3 Une feuille de laurier.
Associez chaque condiment à sa partie !

1 ☐ Branche   **a** Poivre
2 ☐ Brin   **b** Romarin
3 ☐ Gousse   **c** Tabasco
4 ☐ Goutte   **d** Ail
5 ☐ Grain   **e** Thym

4 *Un mélange parfumé.*
Faites correspondre chaque définition à l'explication appropriée.

1 ☐ Bouquet garni   **a** Mélange, de couleur jaune, de plusieurs épices, par exemple cannelle, coriandre, cumin, curcuma, piment, poivre, safran.

2 ☐ Curry   **b** Persil, ciboulette, estragon et cerfeuil, finement hachés et mélangés, utilisés pour enrichir sauces et omelettes.

3 ☐ Fines herbes   **c** Mélange de cannelle, clous de girofle, muscade et poivre.

4 ☐ Herbes de Provence   **d** Thym, persil et laurier, attachés ensemble avec du fil alimentaire, utilisés pour parfumer bouillons et sauces et retirés avant de servir.

5 ☐ Quatre-épices   **e** Basilic, marjolaine, origan, romarin, sarriette, thym, séchés et mélangés.

5 *Des plats savoureux.*
Avez-vous bien compris quelles sont les herbes aromatiques et quelles sont les épices ? Et les autres ingrédients ? Cochez les bonnes cases !

Plat	Aromates	Épices	Poissons/ Mollusques	Viande	Légumes	Fruits
Moules à l'oseille						
Quartier d'agneau, carottes nouvelles au cumin						
Saint-pierre au romarin et tomates caramélisées						
Crème de chou-fleur au curry et aux pommes						
Ananas au sirop de verveine						
Rôti de lotte au gingembre						
Pommes de terre rôties au thym						
Brochette de poulet à la sauge fraîche						

6 *Sorbet de tomates au basilic.*
Lisez la recette et complétez la grille.

Ingrédients (pour 6 personnes)

1, 2 kg de tomates bien mûres

1 bouquet de basilic

1 bouquet de menthe

2 cuillères à soupe d'huile d'olive

1 cuillère à soupe de sucre

5 gouttes de tabasco ou 1 pincée de piment

2 cuillères à soupe de vinaigre balsamique de Modène

2 cuillères à café de paprika

Sel, poivre

1 Plonger les tomates quelques secondes dans une casserole d'eau bouillante, les rafraîchir et les peler. Les couper en deux et les épépiner.

2 Mixer le basilic et la menthe dans la cuve du robot. Ajouter l'huile d'olive, les tomates, le sucre, le tabasco, le sel, le poivre et le paprika.

3 Verser la préparation dans une boîte carrée ou rectangulaire et la mettre au congélateur.

4 Gratter toutes les heures les paillettes qui se seront formées à la périphérie de la boîte. La glace va prendre en granité.

5 Verser le granité dans la cuve du mixeur avant de servir, ajouter le vinaigre balsamique, mixer pendant quelques secondes.

6 Présenter dans de grands verres.

Épices	
Herbes aromatiques	
Autres condiments	
Légumes	
Ustensiles	

Production orale DELF

Un ami / une amie désire réaliser le sorbet. À l'aide de la grille, expliquez-lui la recette.
« Pour préparer le *sorbet aux tomates et au basilic*, tu dois utiliser les ingrédients suivants :
.... »

7 *Le coin des ustensiles.*
Associez l'ustensile à sa fonction.

a le mortier et le pilon

b la moulinette à persil

c le moutardier

d le poivrier

e le presse-ail

f la salière

Cet ustensile est utilisé pour...

1 ☐ ...présenter le poivre moulu sur la table du repas.

2 ☐ ...servir à table la moutarde.

3 ☐ ...presser l'ail.

4 ☐ ...piler l'ail.

5 ☐ ...présenter le sel sur la table du repas.

6 ☐ ...mouliner le persil.

8 *Dites-le... avec des condiments !*

A D'abord, choisissez le mot approprié dans la liste donnée...

> échalote   herbes   huile   moutarde   oignons
> piment   poireau   sel   vinaigre

1 ☐ La .... lui monte au nez.

2 ☐ Il lui manque un grain de ....

3 ☐ Il verse de l'......................... sur le feu.

4 ☐ On ne prend pas les mouches avec du ....

5 ☐ Il utilise toutes les .... de la Saint-Jean.

6 ☐ C'est une femme qui a du .... !

7 ☐ Occupe-toi de tes .... !

8 ☐ Il fait le ....

9 ☐ Il fait la course à l'......................... .

> « Moi, je m'occupe de mes oignons ! »

B ...ensuite, associez chaque phrase à sa définition.

a On le dit d'une personne qui incite à la dispute.

b Personne impatiente, qui se met facilement en colère.

c On le dit d'une personne qui ne montre pas beaucoup d'intelligence...

d Personne qui fait recours à tous les moyens pour arriver à son objectif.

e On le dit de quelqu'un qui n'est pas très aimable avec les autres.

f On le dit d'une personne qui reste longtemps à attendre quelqu'un qui n'arrive pas.

g On le dit de quelqu'un qui veut absolument obtenir le pouvoir.

h On le dit d'une personne très vivante, pleine d'esprit.

i On le dit à une personne qui se mêle un peu trop des affaires de quelqu'un d'autre.

9 *Des couleurs épicées !*

Mettez en bas de chaque couleur la lettre qui identifie l'épice ou l'aromate correspondant.

☐   ☐   ☐   ☐   ☐   ☐   ☐

a safran   **b** vanille   **c** sauge   **d** tilleul   **e** poivre et sel*   **f** moutarde   **g** cannelle

10 Condiments... croisés !

1 Épice qui dans son nom contient un fruit sec !

2 Épice très parfumée, utilisée pour les bonbons et en pâtisserie.

3 Bulbe très présent en cuisine, il fait souvent pleurer quand on l'épluche !

4 Herbe aromatique qu'en Italie on utilise séchée sur la pizza.

5 Épice brune originaire de Ceylan, qui parfume le strudel aux pommes.

6 Condiment obtenu du pressurage des olives.

7 Épice de couleur jaune, très utilisée avec le riz.

8 C'est une épice qui peut être blanche, verte ou noire.

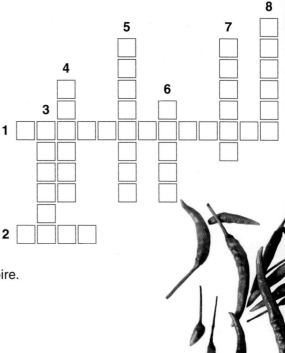

11 Charade.

1 Mon premier signifie vivacité, brio.
Mon deuxième est la 9ᵉ lettre de l'alphabet.
Mon dernier est utilisé à la forme négative.
Mon tout est une herbe aromatique qui sert pour les infusions : _ _ _ _ _ _ _

2 Mon premier est la boisson qu'on obtient du raisin.
Mon dernier est le contraire de doux.
Mon tout est un condiment qui est le résultat de mon premier et de mon dernier !

_ _ _ _ _ _ _ _

3 Mon premier est un fruit à pépins.
Mon dernier est un article contracté masculin.
Mon tout est un bulbe, aux longues feuilles vertes : _ _ _ _ _ _ _

Et maintenant... Qu'est-ce qu'il nous manque ? Ah oui, le pain. En France, vous savez, il en existe de nombreuses variétés. On va chez Claude, **le boulanger** ?

Vous le saviez déjà ?

La *moutarde* a une longue histoire. Appréciée par les Égyptiens, les Grecs et les Romains, qui en utilisaient les grains pour épicer le poisson et la viande, elle est bien connue dans la France du Moyen Âge. À Dijon, la moutarde est toujours présente sur la table des Ducs de Bourgogne, qui aiment son goût et ses vertus digestives. La dénomination « moutarde de Dijon » est aujourd'hui réservée à un produit de qualité qui respecte une réglementation bien précise.

Chez le boulanger

Le pain

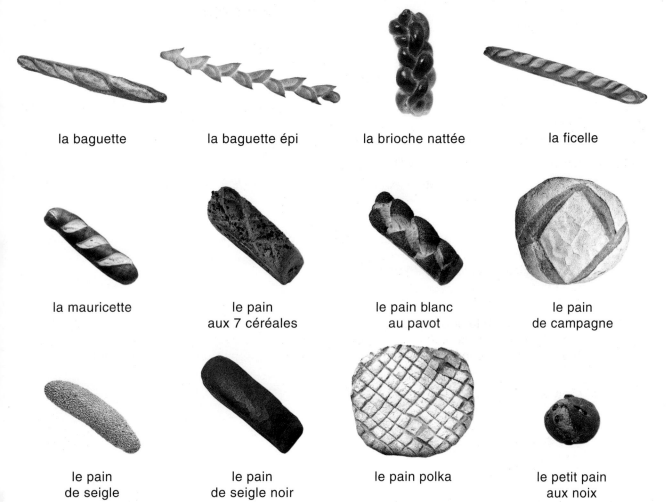

la baguette

la baguette épi

la brioche nattée

la ficelle

la mauricette

le pain
aux 7 céréales

le pain blanc
au pavot

le pain
de campagne

le pain
de seigle

le pain
de seigle noir

le pain polka

le petit pain
aux noix

Les pains régionaux

le bretzel

la couronne
bordelaise

la fougasse
provençale

le pain à la bière
et au levain

le pain
au Beaujolais

le pain au cidre
et aux pommes

le pain auvergnat

le pain brié

le pain
de Beaucaire

le pain de la mer

le pain plié breton

le pain tabatière

1 *Un épi de blé.*
**Faites correspondre le type de pain régional
à la définition appropriée.**

1 ☐ Bretzel
2 ☐ Couronne bordelaise
3 ☐ Fougasse provençale
4 ☐ Pain au Beaujolais
5 ☐ Pain auvergnat
6 ☐ Pain brié
7 ☐ Pain de Beaucaire
8 ☐ Pain tabatière

a Pain à la croûte épaisse et à la structure compacte, il peut durer plusieurs jours.

b Pain à la forme d'une petite boîte à couvercle.

c Pain rond surmonté d'une coiffe.

d Pain doré, il se compose de huit boules.

e Pain de froment, à la forme de galette ovale, non levé, cuit au four.

f Biscuit sec, à la surface parsemée de grains de sel. Sa forme rappelle un huit.

g Pain enrichi de saucisson et de vin rouge.

h Pain à la croûte fine, de forme rectangulaire, fendu en deux verticalement.

2 *La carte du pain.*
Maintenant écrivez la lettre correspondant au pain dans la région correcte !

a   Bretzel

b   Couronne bordelaise

c   Fougasse provençale

d   Pain au cidre et aux pommes

e   Pain auvergnat

f   Pain brié

g   Pain de Beaucaire

h   Pain de la mer

i   Pain plié breton

j   Pain tabatière

3 *Le boulanger utilise…*
Associez chaque ingrédient à sa définition.

1 ☐ Améliore la qualité de la pâte et lui donne son goût.

2 ☐ Sert à lier les particules de farine.

3 ☐ C'est l'ingrédient de base.

4 ☐ Champignon microscopique d'origine naturelle,
    qui sert à transformer les sucres de la pâte
    en gaz carbonique et en alcool.

a   Eau

b   Farine

c   Levure

d   Sel

4 *Les étapes de la panification.*
Remettez les étapes – de 1 à 9 – dans le bon ordre !

☐ *L'apprêt* : temps de repos de la pâte à laquelle le boulanger a déjà donné la forme voulue.

☐ *La cuisson* : le pâton gonfle, cuit et sa croûte devient dorée.

☐ *Le pointage* : le boulanger laisse reposer la pâte avant de la diviser.

☐ *Le défournement* : le pain est sorti du four.

1 *Le pétrissage* : le boulanger mélange tous les ingrédients pour réaliser la pâte.

☐ *La pesée* : le boulanger divise la pâte en pâtons qui ont le même poids.

☐ *L'enfournement* : le pain est mis au four pour être cuit.

☐ *Le ressuage* : le pain doit refroidir pour faire sortir la vapeur d'eau et le gaz carbonique.

☐ *Le façonnage* : le boulanger donne la forme désirée à chaque pâton.

5 *Un peu d'étymologie.*
L'origine du mot est, à votre avis, vraie (V) ou fausse (F) ?

	V	F
1 Le mot *boulanger* vient du picard *boulenc* et indique la personne qui réalise le pain *en boule*.	☐	☐
2 *Baguette* vient du latin *baculum* et se réfère à la forme de ce type de pain.	☐	☐
3 Le *pain polka* doit son nom à son origine polonaise.	☐	☐
4 *Bretzel* vient du latin et signifie *petit pain*.	☐	☐
5 Le mot *copain* vient du latin *cum* (avec) et *panis* (pain) et se réfère à la personne avec laquelle on mange le même pain.	☐	☐

6 *D'un pain... à l' autre.*
Faites correspondre le type de pain à la définition appropriée.

1 ☐ Pain pétri, façonné et cuit dans le lieu même où il est vendu.

2 ☐ 95% des ingrédients de ce pain proviennent de l'agriculture biologique.

3 ☐ Pain fabriqué avec un mélange de farine de seigle avec au maximum 35% de farine de blé.

4 ☐ Pain qui ne contient pas d'additifs et qui n'a pas été surgelé.

5 ☐ Pain réalisé avec un procédé de fabrication qui respecte les méthodes anciennes.

6 ☐ Pain qui contient plus de 10% de farine de seigle.

7 ☐ Pain préparé avec une farine de blé intégrale.

8 ☐ Pain fabriqué avec un mélange de farine de blé, orge, maïs, etc.

a Pain à l'ancienne   **e** Pain complet ou intégral

b Pain au seigle   **f** Pain de seigle

c Pain aux céréales   **g** Pain de tradition française

d Pain bio   **h** Pain maison

7 *Pour chaque plat, le pain approprié !*
Cochez la bonne case.

1 Le *pain blanc* se marie bien avec...

☐ la salade   ☐ le foie gras   ☐ le coq au vin.

2 Le *pain brioché* accompagne...

☐ le rôti de porc   ☐ le foie gras   ☐ la soupe à l'oignon.

3 Le *pain aux noix* est excellent avec...

☐ la charcuterie   ☐ le fromage   ☐ le poisson.

4 Le *pain de seigle noir* est délicieux avec...

☐ le fromage   ☐ la salade   ☐ les fruits de mer.

8 *Du plus petit au plus grand !*
Disposez les mots suivants en ordre croissant.

| baguette | ficelle | fournée | miette | tranche |

1 .... **3** .... **5** ....

2 .... **4** ....

9 *Pain traditionnel.*
Lisez la recette et insérez les ingrédients à côté des quantités données.

Pour un pain

500 g de .... 10 g de .... de boulanger fraîche

10 g de .... 20 g de ....

1 Délayer la levure dans un demi-verre d'eau tiède. Mettre 100 g de farine et le sel dans le bol-mixeur du robot. Ajouter la levure et travailler longuement au bloc-couteau, en incorporant alternativement le reste de la farine (400 g) et un peu d'eau, de manière à obtenir une pâte souple et élastique. Mettre la pâte sur un torchon* fariné, en formant une boule. Recouvrir avec le torchon et laisser lever pendant 2 heures à température ambiante : la pâte doit doubler de volume.

2 Pétrir rapidement la pâte à la main et la façonner en forme de miche ronde. La mettre sur la tôle* du four préalablement beurrée, laisser encore lever pendant une heure.

3 Préchauffer le four à 240° C. Inciser le dessus du pain en croix avec la pointe d'un couteau. Enfourner à mi-hauteur et laisser cuire 40 minutes. Disposer enfin le pain sur une grille à pâtisserie pour le faire tiédir.

10 *Les verbes de la recette.*
Avez-vous bien compris ce que vous devez faire pour préparer le pain traditionnel ?
Faites correspondre chaque verbe à sa définition.

1 ☐ Délayer   **a** Mettre dans un four.

2 ☐ Enfourner   **b** Couvrir entièrement.

3 ☐ Façonner   **c** Amalgamer.

4 ☐ Incorporer   **d** Remuer fortement la pâte.

5 ☐ Pétrir   **e** Donner à la pâte la forme voulue.

6 ☐ Recouvrir   **f** Diluer une substance dans un liquide.

11 *Le coin des ustensiles.*
Associez l'ustensile à sa fonction.

a la corbeille à pain

b le coupe-pâte

c le grille-pain

d la pince à pain

e la planche à pain

f le tamis à farine

Cet ustensile est utilisé pour...

1 ☐ griller des tranches de pain.
2 ☐ servir le pain.
3 ☐ passer la farine.

4 ☐ couper la pâte.
5 ☐ présenter le pain sur un buffet.
6 ☐ couper le pain.

12 *Dites-le... avec du pain !*
Quelle est la signification des locutions suivantes ? Cochez la bonne case.

1 Avoir du pain sur la planche :
☐ avoir peu de travail.
☐ avoir beaucoup de travail.
☐ avoir un travail difficile.

2 Être bon comme le bon pain :
☐ avoir un bon goût.
☐ avoir un mauvais caractère.
☐ être disponible et gentil.

3 Vendre comme des petits pains :
☐ vendre avec difficulté.
☐ vendre très facilement.
☐ vendre avec beaucoup de difficulté.

« Moi, j'ai du pain sur la planche ! »

4 Acheter quelque chose pour une bouchée de pain :

☐ acheter pas cher.

☐ acheter cher.

☐ acheter très cher.

5 Peiner du matin au soir pour gagner son pain :

☐ gagner de l'argent avec facilité.

☐ avoir des difficultés à gagner de l'argent.

☐ être sans argent.

13 *Du pain… grillé !*
Complétez la grille. Vous obtiendrez le nom d'un pain régional.

Le pain régional est la _ _ _ _ _ _ _ _ .

Vous le saviez déjà ?

Le *croissant* est né… en Autriche ! En 1683, le roi de Pologne réussit à mettre en fuite l'armée turque qui assiège Vienne grâce à l'alerte donnée par les boulangers qui travaillent au fournil pendant la nuit. Les boulangers réalisent alors, en souvenir de ce succès, un petit pain représentant l'emblème du drapeau turc. Un siècle plus tard, la reine Marie-Antoinette introduit la fabrication du croissant à Paris, mais c'est seulement au début du XXe siècle que les boulangers de la capitale créent le croissant feuilleté au beurre que l'on consomme de nos jours.

Vous savez, Claude vend aussi des viennoiseries* : croissants, brioches, chaussons aux pommes, petits pains au chocolat, au lait ou aux raisins. Cela ne vous suffit pas ? Vous désirez quelque chose de plus élaboré ? Ne vous inquiétez pas. On va tout de suite chez Philippe, notre magnifique **pâtissier**. Il va nous régaler !

Chez le pâtissier

Les pâtisseries

le clafoutis
aux cerises

l'éclair
au chocolat

la religieuse
au café

le saint-honoré

la tarte Tatin

Les entremets froids

le bavarois
au chocolat

la charlotte
aux fraises

la marquise
au chocolat

le pouding

Les entremets glacés et les sorbets

le diplomate

l'île flottante
à la vanille

la mousse
au chocolat

le sorbet
à la fraise

le vacherin
à la framboise

Les petits-fours

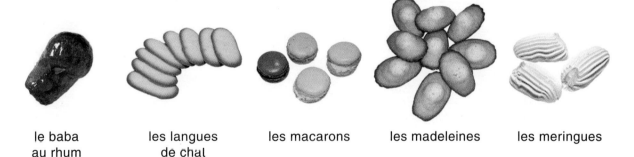

le baba
au rhum

les langues
de chat

les macarons

les madeleines

les meringues

La confiserie

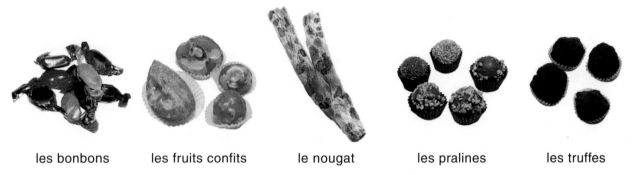

les bonbons

les fruits confits

le nougat

les pralines

les truffes

1 Des définitions... sucrées !
Faites correspondre chaque terme à l'explication appropriée.

1 ☐ Confiserie   **a** Gâteaux délicats, de petites dimensions.

2 ☐ Dessert   **b** Préparation à base de chocolat ou de sucre cuit, aromatisée et mise en forme.

3 ☐ Entremets   **c** Pâtisserie faite d'un fond de pâte brisée, garnie de fruits, de confiture ou de crème.

4 ☐ Gâteau   **d** Préparations de pâte sucrée, le plus souvent à consommer fraîches.

5 ☐ Pâtisseries   **e** Préparations de dessert, qui peuvent être chaudes, froides ou glacées.

6 ☐ Petits-fours   **f** Pâtisserie à base de farine, de beurre et d'œufs.

7 ☐ Tarte   **g** Termine le repas et comprend fromage, pâtisserie, fruits.

2 Les ingrédients du pâtissier.
Associez chaque ingrédient à l'image correspondante.

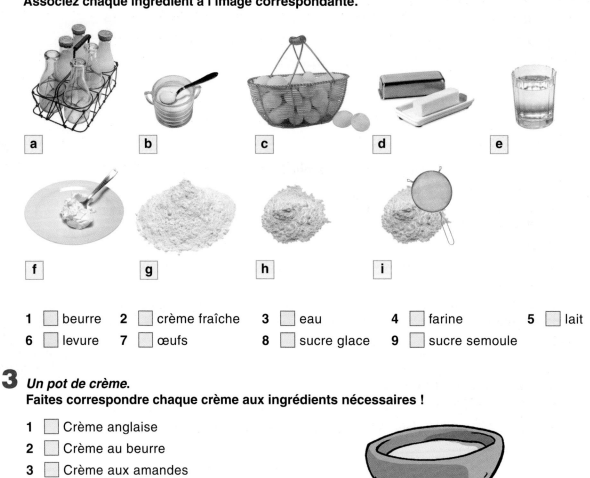

| a | b | c | d | e |
| f | g | h | i |

| 1 ☐ beurre | 2 ☐ crème fraîche | 3 ☐ eau | 4 ☐ farine | 5 ☐ lait |
| 6 ☐ levure | 7 ☐ œufs | 8 ☐ sucre glace | 9 ☐ sucre semoule | |

3 Un pot de crème.
Faites correspondre chaque crème aux ingrédients nécessaires !

1 ☐ Crème anglaise

2 ☐ Crème au beurre

3 ☐ Crème aux amandes

4 ☐ Crème bavaroise

5 ☐ Crème pâtissière

a Lait entier • sucre semoule • jaunes d'œufs • beurre • farine • vanille

b Sucre semoule • poudre d'amandes • beurre • œufs • farine • rhum (facultatif)

c Beurre • sucre semoule • jaunes d'œufs • eau

d Lait entier • sucre semoule • jaunes d'œufs • vanille

e Lait entier • crème fouettée • sucre semoule • jaunes d'œufs • gélatine

4 Les tours de main.
**Faites correspondre chaque tour de main
à la description appropriée.**

1 ☐ Beurrer un moule.

2 ☐ Démouler.

3 ☐ Étendre la pâte au rouleau.

4 ☐ Faire monter les blancs d'œufs en neige.

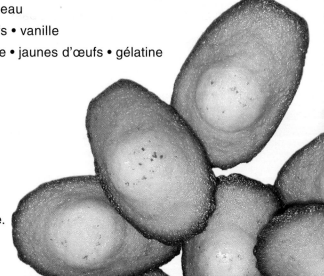

a Aplatir la pâte à l'aide d'un rouleau à pâtisserie.

b Enlever le gâteau du moule après la cuisson quand il a refroidi.

c Battre les œufs avec un fouet ou un batteur électrique.

d Utiliser du beurre pour que le gâteau n'attache pas au moule pendant la cuisson.

5 *Un peu d'étymologie.*
L'origine du mot est, à votre avis, vraie (V) ou fausse (F) ?

		V	F
1	Le mot *pâtissier* vient du grec *pasta*, qui indiquait un mélange de céréales et de fromage.	☐	☐
2	*Millefeuille* vient du latin *millefolium*, se référant, à l'origine, à une plante et non à un gâteau.	☐	☐
3	Le mot *chocolat* vient de l'anglais *chocolate*.	☐	☐
4	La *praline* doit son nom au fait d'avoir été créée dans les cuisines du comte du Plessis-Praslin.	☐	☐
5	Le mot *pouding*, qui se réfère à un entremets à base de restes de pain ou farine et de raisin sec, vient du latin.	☐	☐

6 *Un vrai gourmand apprécie...*
Cochez la bonne case.

1 ...un gâteau cuit au four, à base de farine, lait, œufs et fruits mélangés :

☐ tarte Tatin   ☐ saint-honoré   ☐ clafoutis aux cerises

2 ...une confiserie à base de fruits secs, sucre caramélisé et miel :

☐ praline   ☐ nougat   ☐ truffe

3 ...un entremets froid, réalisé avec des biscuits, des fruits et de la crème :

☐ fruits confits   ☐ sorbet à la fraise   ☐ charlotte aux fraises

4 ...un petit-four, de forme ronde, à base de pâte d'amande, de blanc d'œuf et de sucre :

☐ macaron   ☐ madeleine   ☐ meringue

5 ...un entremets glacé, réalisé avec un fruit rouge :

☐ bavarois au chocolat   ☐ vacherin à la framboise   ☐ île flottante à la vanille

6 ...une pâtisserie fourrée de crème pâtissière au chocolat et glacée :

☐ marquise au chocolat   ☐ mousse au chocolat   ☐ éclair au chocolat

7 *Des fêtes... en douceur.*
Insérez pour chaque fête le dessert approprié.

bûche de Noël	crêpe	galette des Rois	œuf de Pâques

1 Gâteau rond et plat, préparé à l'Épiphanie. Qui trouve la fève cachée à l'intérieur devient roi ou reine pour une journée !

....

2 Confiserie en chocolat ou sucre, qu'on offre à Pâques aux enfants, mais pas seulement...

....

3 C'est une pâtisserie traditionnelle, préparée pour le 25 décembre et qui, dans sa forme, fait penser au bois !

....

4 Pour le Mardi Gras et la Chandeleur, on goûte cette célèbre préparation sucrée, d'origine bretonne, faite de pâte liquide, à base de lait, farine et œufs.

....

8 *Un dessert pour toutes les saisons.*
Cochez la ou les bonne(s) saison(s).

Dessert	Printemps	Été	Automne	Hiver
Tarte feuilletée aux cerises				
Kumquats confits				
Vacherin aux pêches				
Tarte aux noix				
Sorbet au cassis				
Tarte aux pommes de grand-mère				
Tartelettes au raisin				
Nougat glacé au coulis de framboises				

9 *Tarte à la mangue et aux fraises.*
D'abord, lisez la recette...

Ingrédients

Pour la garniture : 250 g de fraises – 1 mangue

Pour la pâte sucrée : 500 g de farine – 2 œufs – 350 g de beurre mou – 125 g de sucre

Pour la crème brûlée : 30 cl de crème fleurette* – 3 jaunes d'œufs – 60 g de sucre – 1,5 feuille de gélatine

Pour la crème au beurre : 125 g de beurre mou – 70 g de sucre – 2 œufs

Préparation

1 Mélanger la farine, le beurre, le sucre et le sel, sans trop pétrir. Ajouter les œufs battus, en mélangeant pour éviter les grumeaux. Façonner en boule, recouvrir d'un torchon et laisser reposer. Quelques heures plus tard, préchauffer le four à 180° C. Étendre la pâte à l'aide d'un rouleau à pâtisserie et faire cuire sur une plaque pendant 20 minutes environ.

2 Entre-temps faire bouillir la crème fleurette et faire ramollir la gélatine dans un récipient d'eau froide. Dans un bol, fouetter les jaunes d'œufs avec le sucre, y incorporer la crème refroidie et verser le mélange dans une casserole. Faire chauffer en remuant, mais sans arriver à ébullition. Ajouter la gélatine essorée*. Réserver au frais.

3 Porter à ébullition le sucre et 3 cl d'eau pour obtenir un sirop. Au batteur, fouetter un œuf entier et un jaune ; y ajouter le sirop. Incorporer le beurre, en continuant à mélanger. Amalgamer la crème au beurre à la crème brûlée.

4 Laver, essuyer et équeuter les fraises. Éplucher la mangue. Couper les fruits en fines lamelles. Étaler la crème sur le fond de la tarte. Disposer les lamelles de mangue sur une moitié et les fraises émincées sur l'autre moitié.

...ensuite, pour vérifier si vous avez bien compris le procédé, cochez la bonne case.

1 Pour préparer la pâte, il faut
  a ☐ mélanger tous les ingrédients en utilisant le batteur.
  b ☐ mélanger tous les ingrédients et pétrir longuement.
  c ☐ mélanger tous les ingrédients mais limiter le pétrissage.

2 Pour réaliser la crème brûlée, il faut
  a ☐ faire d'abord bouillir la crème fleurette, puis fouetter les jaunes d'œufs avec le sucre, enfin faire chauffer le mélange.
  b ☐ fouetter d'abord les jaunes d'œufs avec le sucre, puis faire bouillir la crème fleurette et réserver le tout au frais.
  c ☐ fouetter d'abord les jaunes d'œufs avec le sucre, puis y ajouter la crème fleurette et faire bouillir le mélange.

3 Pour préparer les fruits, il faut
  a ☐ laver, essuyer et équeuter les fraises ; éplucher la mangue et couper les fruits en quartiers.
  b ☐ laver, essuyer et équeuter les fraises ; éplucher la mangue et mixer les fruits.
  c ☐ laver, essuyer et équeuter les fraises ; éplucher la mangue et émincer les fruits en lamelles.

10 *Deux mots pour un dessert !*
D'abord, insérez le mot qui manque...

Blanc	Brest	Quarts	Tatin

a Paris-................ **b** Tarte .... **c** Quatre-................ **d** Mont-................

…ensuite, trouvez la bonne explication.

1 ☐ Connue aussi comme tarte renversée, cette tarte aux pommes est devenue célèbre grâce aux demoiselles Tatin, filles d'un hôtelier de la Motte-Beuvron.

2 ☐ Gâteau réalisé avec quatre ingrédients en poids égaux : beurre, farine, œufs et sucre.

3 ☐ Entremets composé de purée de marrons, complètement recouvert de crème chantilly pour imiter la neige.

4 ☐ Couronne de pâte à choux, fourrée de crème pralinée, créée probablement à l'occasion de la première course cycliste Paris-Brest. Sa forme rappelle en effet une roue de bicyclette.

11 *Chassez l'intrus !*

1 Nougat – praline – truffe – meringue – bonbon.

2 Sorbet à la fraise – éclair – saint-honoré – clafoutis – religieuse.

3 Madeleines – macarons – langues de chat – meringues – bavarois.

4 Vacherin – fruits confits – diplomate – île flottante – mousse au chocolat.

12 *Au parfum de…*
**Quels sont les sorbets et les glaces que préfèrent Michel et ses amis ?
Aidez-vous des couleurs données !**

1 C'est une glace à base d'un fruit sec, elle est de couleur verte, au parfum de _ _ _ _ _ _ _ _

2 C'est un sorbet à base d'un agrume de couleur jaune, au parfum de _ _ _ _ _ _

3 C'est un sorbet à base d'un fruit exotique, au parfum de _ _ _ _ _ _

4 C'est une glace pour les gourmands, au parfum de _ _ _ _ _ _ _ _

5 C'est une glace de couleur claire, au parfum de _ _ _ _ _

6 C'est une glace aromatique, au parfum de _ _ _ _

☐ ☐ ☐ ☐ ☐ ☐

13 *Le coin des ustensiles.*
Associez l'ustensile à sa fonction.

a la balance   b le chinois   c les emporte-pièces   d le fouet à blanc

e le moule à petits-fours   **f** la plaque à pâtisserie   **g** la poche à douille

h le rouleau à pâtisserie   **i** la saupoudreuse   **j** la spatule

Cet ustensile est utilisé pour...

1 ☐ ...aplatir et étendre la pâte.
2 ☐ ...monter les œufs en neige.
3 ☐ ...cuire de la pâtisserie.
4 ☐ ...peser les ingrédients.
5 ☐ ...faire écouler la crème ou la pâte.

6 ☐ ...découper la pâte en différentes formes.
7 ☐ ...passer une crème.
8 ☐ ...saupoudrer un gâteau de sucre.
9 ☐ ...mélanger de la crème.
10 ☐ ...cuire des petits-fours de forme ronde.

14 **Dites-le... avec du gâteau !**
Les locutions suivantes sont-elles vraies (V) ou fausses (F) ?

« Ce n'est pas du gâteau ! »

	V	F
1 On dit *c'est du gâteau* pour indiquer quelque chose de facile à faire.	☐	☐
2 Une *maman gâteau* ne s'occupe pas beaucoup de ses enfants.	☐	☐
3 Un *gâteau à s'en lécher les doigts* est un gâteau excellent.	☐	☐
4 Un *gâteau loupé* est un gâteau qui a bien réussi.	☐	☐
5 On achète un *gâteau maison* à la pâtisserie.	☐	☐

15 *Le comptoir de Philippe.*
Insérez dans la grille les noms des desserts que Philippe propose dans son magasin.

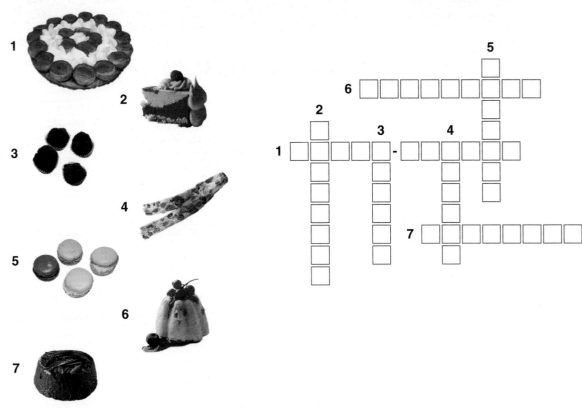

Interaction orale DELF

Quel est votre sorbet préféré ?
Faites deviner vos copains et devinez les parfums qu'ils aiment bien !

Mmm. Quels parfums ! Un gourmand ne sait pas quoi choisir... Et ceux qui sont plutôt de vrais gourmets et aiment bien manger, mais surtout du salé ? Pas de soucis. Du dessert font partie non seulement les pâtisseries et les entremets, mais aussi le fromage ! On va chez Marcel, notre **fromager** ?

Vous le saviez déjà ?

Le *saint-honoré*, tout le monde le connaît. Le fameux gâteau, garni de crème chantilly et de petits choux caramélisés, est apprécié par les grands et les petits. Sur l'origine de son nom on avance deux hypothèses : un hommage à saint Honoré, patron des boulangers et des pâtissiers, ou le nom de la rue Saint-Honoré, où travaillait le pâtissier Chiboust, qui pourrait être l'inventeur de ce délice.

Auto-évaluation

Les délices de Sophie					Auto-évaluation du niveau des connaissances lexicales		
Aromates	Bulbes	Épices	Autres condiments	Ustensiles	☺	😐	☹

Chez le boulanger					Auto-évaluation du niveau des connaissances lexicales		
Pain	Pains régionaux	Ingrédients du boulanger	Étapes panification	Ustensiles	☺	😐	☹

Chez le pâtissier					Auto-évaluation du niveau des connaissances lexicales		
Pâtisseries	Entremets	Petits-fours	Confiserie	Ustensiles	☺	😐	☹

Chez le fromager

Les fromages à pâte molle, à croûte fleurie

le banon

le brie

le brillat-savarin

le camembert

le chaource

le coulommiers

le neufchâtel

le saint-marcellin

Les fromages à pâte molle, à croûte lavée

le livarot

le maroilles

le munster

le niolo

le pavé d'Auge

le pont-l'évêque

le reblochon

le vacherin

Les fromages à pâte persillée

le bleu d'Auvergne

le bleu de Bresse

la fourme d'Ambert

le roquefort

Les fromages de chèvre

le crottin

le pélardon

le picodon

le pouligny-
saint-pierre

Les fromages à pâte pressée cuite

l'abondance

le beaufort

le comté

l'emmental

le gruyère

la raclette de
Savoie

Les fromages à pâte pressée non cuite

le cantal

le morbier

le saint-nectaire

la tomme
de Savoie

1 *De fromage en fromage.*
Faites correspondre le type de fromage à l'explication appropriée.

1 ☐ Fromages à pâte molle
à croûte fleurie

2 ☐ Fromages à pâte molle
à croûte lavée

3 ☐ Fromages à pâte persillée

4 ☐ Fromages à pâte pressée
cuite

5 ☐ Fromages à pâte pressée
non cuite

6 ☐ Fromages de chèvre

7 ☐ Fromages fondus

8 ☐ Fromages frais

a Fromages à pâte blanche, qui présentent des
veinures bleuâtres.

b Fromages de grandes tailles, qui présentent souvent
à l'intérieur des trous typiques.

c Fromages obtenus par fusion de plusieurs sortes
de fromage.

d Fromages fabriqués avec du lait de chèvre.

e Fromages à la croûte blanche appelée *fleur*.

f Fromages obtenus à partir de lait écrémé entier,
à la texture tendre et onctueuse.

g Fromages à la croûte lisse, de couleur jaune à rouge
orangé.

h Fromages à la pâte ferme et souple, obtenue grâce à
la mise sous presse du caillé dans des moules.

2 *Les étapes de la fabrication du fromage.*
Remettez les étapes – de 1 à 7 – dans le bon ordre !

☐ *L'affinage* : cette phase ultime de la préparation permet de créer la texture et de donner
la saveur au fromage.

☐ *Le moulage* : introduction du caillé en moule pour lui donner sa forme.

☐ *Le salage* : le fromage est salé pour le protéger des flores indésirables.

1 *L'emprésurage* : phase au cours de laquelle on additionne le lait de présure,
substance contenant un enzyme qui le fait cailler.

☐ *Le démoulage* : le fromage est retiré du moule.

☐ *L'égouttage* : le surplus d'eau est éliminé de la masse du fromage.

☐ *Le caillage* : coagulation du lait.

3 *Un fromage de...*
Cochez la bonne case !

	Brebis	Chèvre	Vache
Brie			
Camembert			
Crottin			
Gruyère			
Maroilles			
Picodon			
Pouligny-saint-pierre			
Reblochon			
Roquefort			

4 *J'apprécie, à la fin du repas...*

1 ...un fromage à pâte molle légèrement salée et à la croûte blanche qui porte le nom d'un village situé aux confins de la Bourgogne et de la Champagne :

☐ camembert   ☐ brie   ☐ chaource

2 ...un fromage à pâte pressée non cuite, à la croûte grise, originaire de la Savoie :

☐ saint-nectaire   ☐ tomme   ☐ cantal

3 ...un fromage de lait de vache, à pâte molle et croûte lavée, typique de la vallée des Vosges, appelé aussi Géromé :

☐ saint-marcellin   ☐ raclette   ☐ munster

4 ...un fromage de chèvre, à la forme d'un petit cylindre :

☐ crottin   ☐ picodon   ☐ pouligny-saint-pierre

5 ...un fromage à pâte pressée cuite, à la croûte lisse et aux trous de la grandeur d'une noix, plus bombé que le gruyère :

☐ beaufort   ☐ comté   ☐ emmental

5 *Un peu d'étymologie.*
L'origine du mot est, à votre avis, vraie (V) ou fausse (F) ?

	V	F
1 Le mot *fromage* vient du latin *formaticum* et se réfère au fait qu'il est réalisé dans une forme.	☐	☐
2 Le *roquefort* doit son nom à son goût prononcé.	☐	☐
3 *Bleu* est le nom de plusieurs fromages qui ont des veinures bleuâtres à l'intérieur.	☐	☐
4 Le mot *vacherin* rappelle le fait que ce fromage est fabriqué avec du lait de vache.	☐	☐
5 Le *camembert* doit son nom au village de l'Orne où il a été créé.	☐	☐

6 Vivement le fromage !
Faites correspondre le plat à sa description.

1 ☐ Préparation faite avec des œufs battus et cuits à la poêle, farcie de fromage.

2 ☐ Petit gâteau au fromage.

3 ☐ Pâtisserie de forme ronde comme la tarte, mais garnie de produits salés.

4 ☐ Plat composé de pâte légère, qui gonfle à la cuisson.

5 ☐ Tartelette au fromage.

6 ☐ Plat réalisé avec du fromage à pâte dure, par exemple gruyère, fondu dans du vin blanc, auquel on ajoute de l'ail et du kirsch et dans lequel on trempe des morceaux de pain.

7 ☐ Préparation à base de pommes de terre bouillies et de fromage raclette fondu.

8 ☐ Plat réalisé avec des pommes de terre et du fromage et cuit au four.

a Fondue savoyarde		**e** Ramequin
b Gratin dauphinois		**f** Raton
c Omelette au fromage		**g** Soufflé au fromage
d Raclette		**h** Tourte au fromage

7 Un plat à base de fromage.
Quelle est la bonne saison pour le proposer ? Cochez la bonne case.
Aidez-vous des saisons des fruits et des légumes !

Plat	Printemps	Été	Automne	Hiver
Croûte au bleu d'Auvergne avec caviar d'aubergines				
Raclette aux abricots				
Mâche et tartelettes au fromage de montagne				
Endives au fromage de chèvre				
Petite tourte au fromage avec épinards et champignons				
Omelette au fromage et aux artichauts				
Gâteau au fromage avec coulis de fruits rouges				

8 Chassez l'intrus !

1 Maroilles – Livarot – Roquefort – Reblochon.

2 Picodon – Camembert – Chaource – Neufchâtel.

3 Comté – Beaufort – Cantal – Emmental.

4 Pouligny-saint-pierre – Crottin – Pélardon – Gruyère.

9 Du plus grand... au plus petit !
Disposez les mots suivants en ordre décroissant.

copeau	meule	quartier	talon

1 ....   3 ....

2 ....   4 ....

10 Fromage frais de campagne avec compote de cassis.
Le texte de la recette est donné pêle-mêle. Remettez ses phases (de 1 à 7) dans le bon ordre !

Ingrédients

500 g de fromage frais   100 g de sucre de canne roux*

300 g de grains de cassis   1 dl d'eau

☐ Mettre dans un compotier et laisser refroidir.

☐ Dans une casserole, faire fondre lentement l'eau et le sucre.

☐ Servir bien frais avec le fromage blanc.

1 Passer les grains de cassis sous l'eau fraîche.

☐ Ajouter les grains de cassis.

☐ Les égoutter.

☐ Laisser cuire environ cinq minutes.

11 Le coin des ustensiles.
Associez l'ustensile à sa fonction.

a la cloche à fromage   **b** le couteau à fromage   **c** la fromagère   **d** le plateau à fromage

e la râpe à fromage

Cet ustensile est utilisé pour...

1 ☐ ...servir les différents types de fromage à la fin du repas.

2 ☐ ...réduire le fromage en poudre.

3 ☐ ...protéger le fromage et permettre sa conservation.

4 ☐ ...couper le fromage.

5 ☐ ...servir le fromage râpé à table.

12 Dites-le... avec du fromage !
Faites correspondre chaque phrase à sa définition.

1 ☐ Entre la poire et le fromage.

2 ☐ C'est du fromage sur les épinards !

3 ☐ Faire de quelque chose un fromage.

4 ☐ Être comme un rat dans un fromage.

5 ☐ Fromage et dessert.

6 ☐ C'est plus fort que le roquefort.

7 ☐ Il a un quart de brie.

a Se trouver dans une situation avantageuse.

b On le dit de quelqu'un qui a un gros nez.

c Il ne manquait plus que cela !

d Exagérer l'importance d'un fait.

e Cela arrive à propos !

f À la fin du repas, quand les discours deviennent moins sérieux...

g Il n'est pas nécessaire de choisir. On peut avoir les deux !

13 À la recherche du fromage.
Trouvez les douze fromages cachés dans la grille.

C	O	U	L	O	M	M	I	E	R	S	S	F
A	V	D	V	A	C	H	E	R	I	N	N	L
M	A	R	O	I	L	L	E	S	H	M	M	D
E	M	M	E	N	T	A	L	N	G	H	H	F
M	U	N	S	T	E	R	G	B	R	I	E	I
B	L	E	U	D	E	B	R	E	S	S	E	E
E	P	N	E	U	F	C	H	A	T	E	L	E
R	E	B	L	O	C	H	O	N	N	P	P	L
T	O	M	M	E	G	D	C	O	M	T	E	T

Production écrite **DELF**

Vous voulez aider Michel dans la préparation du repas.
Vous choisissez les fromages utiles pour présenter un bon plateau : un chèvre, un persillé, une pâte molle à croûte fleurie, une pâte molle à croûte lavée, une pâte pressée.

Mon plateau de fromages

1 ....   3 ....   5 ....

2 ....   4 ....

Vous le saviez déjà ?

Le *Brie de Meaux* entre le premier dans l'histoire, grâce à Charlemagne qui le déguste vers 774 et affirme : « Je viens de découvrir l'un des mets les plus délicieux. » D'après la légende, par contre, c'est une fermière de *Camembert*, Marie Harel, qui a inventé en 1791 le fromage qui porte le même nom que le village. Elle aurait connu le secret de sa fabrication grâce à un prêtre de la Brie.

Nous voilà. Qu'est-ce qu'il nous faut encore ?
Eh bien, avec des goûts si prononcés, on doit boire un bon verre. À notre gauche il y a le magasin de Robert, le **marchand de vin**.
On y va ?

Chez le marchand de vin

Les vins blancs

Chablis

Gewurztraminer

Graves

Meursault

Montbazillac

Muscadet

Muscat

Puligny-Montrachet

Riesling

Sancerre

Sauternes

Touraine

Les vins blancs mousseux...

Blanquette
de Limoux

Clairette de Die

Crémant

Gaillac

Saint-Péray

Saumur

Vouvray

...et le champagne !

Les vins rosés

Ajaccio

Chinon

Côtes-du-Rhône

Gigondas

Tavel

Les vins rouges

Bandol

Banyuls

Beaujolais

Bourgogne

Châteauneuf-
du-Pape

Margaux

Médoc

Pinot Noir

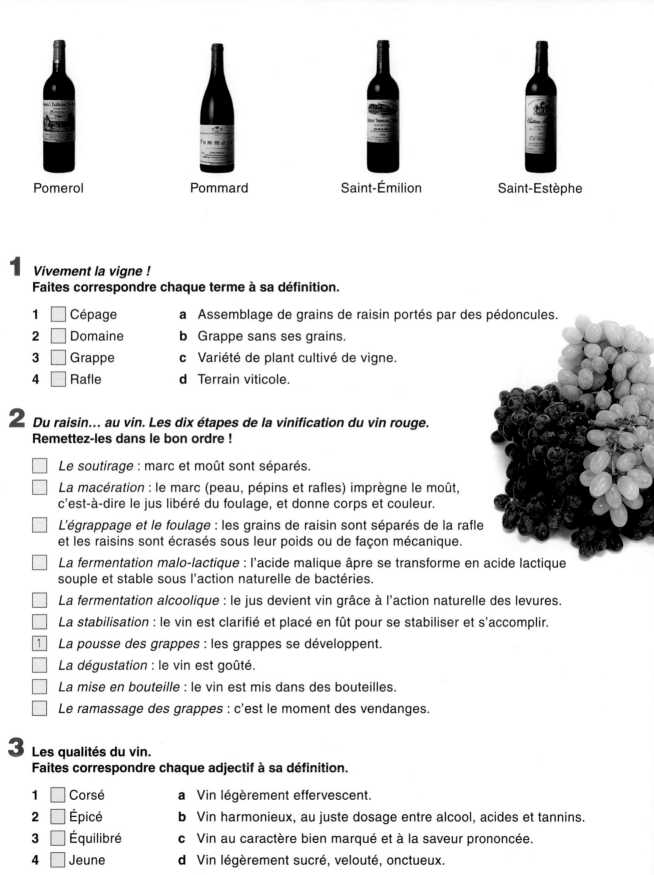

Pomerol   Pommard   Saint-Émilion   Saint-Estèphe

1 *Vivement la vigne !*
Faites correspondre chaque terme à sa définition.

1	☐ Cépage	**a**	Assemblage de grains de raisin portés par des pédoncules.
2	☐ Domaine	**b**	Grappe sans ses grains.
3	☐ Grappe	**c**	Variété de plant cultivé de vigne.
4	☐ Rafle	**d**	Terrain viticole.

2 *Du raisin... au vin. Les dix étapes de la vinification du vin rouge.*
Remettez-les dans le bon ordre !

☐ *Le soutirage* : marc et moût sont séparés.

☐ *La macération* : le marc (peau, pépins et rafles) imprègne le moût, c'est-à-dire le jus libéré du foulage, et donne corps et couleur.

☐ *L'égrappage et le foulage* : les grains de raisin sont séparés de la rafle et les raisins sont écrasés sous leur poids ou de façon mécanique.

☐ *La fermentation malo-lactique* : l'acide malique âpre se transforme en acide lactique souple et stable sous l'action naturelle de bactéries.

☐ *La fermentation alcoolique* : le jus devient vin grâce à l'action naturelle des levures.

☐ *La stabilisation* : le vin est clarifié et placé en fût pour se stabiliser et s'accomplir.

☐1☐ *La pousse des grappes* : les grappes se développent.

☐ *La dégustation* : le vin est goûté.

☐ *La mise en bouteille* : le vin est mis dans des bouteilles.

☐ *Le ramassage des grappes* : c'est le moment des vendanges.

3 Les qualités du vin.
Faites correspondre chaque adjectif à sa définition.

1	☐ Corsé	**a**	Vin légèrement effervescent.
2	☐ Épicé	**b**	Vin harmonieux, au juste dosage entre alcool, acides et tannins.
3	☐ Équilibré	**c**	Vin au caractère bien marqué et à la saveur prononcée.
4	☐ Jeune	**d**	Vin légèrement sucré, velouté, onctueux.

5	☐ Liquoreux	**e**	Vin qui n'a pas de gaz carbonique perceptible.
6	☐ Moelleux	**f**	Vin doux effervescent.
7	☐ Mousseux	**g**	Vin qui a vieilli en bouteilles pendant plusieurs années.
8	☐ Pétillant	**h**	Vin très chargé en sucre, au degré alcoolique élevé.
9	☐ Tranquille	**i**	Vin de l'année ou qui n'a pas encore développé toutes ses qualités.
10	☐ Vieux	**j**	Vin qui présente des odeurs de cannelle, poivre...

4 *La boisson de Bacchus.*
Associez chaque mot à sa définition.

1	☐ Arôme	**a**	Aspect visuel d'un vin.
2	☐ Bouquet	**b**	Saveur.
3	☐ Goût	**c**	Ensemble des principes odorants d'un vin jeune.
4	☐ Robe	**d**	Ensemble des sensations olfactives, acquises lors du vieillissement.

5 *À chaque vin sa robe.*
Cochez la bonne case !

Vins	ROBE		
	blanche	rosée	rouge
Bandol			
Beaujolais			
Chablis			
Chinon			
Crémant			
Côtes-du-Rhône			
Gaillac			
Meursault			
Pomerol			
Sauternes			
Saint-Émilion			
Tavel			

6 *Un peu d'étymologie.*
L'origine du mot est, à votre avis, vraie (V) ou fausse (F) ?

		V	F
1	Le mot *vin* vient du latin *vinum*.	☐	☐
2	Le mot *champagne* doit son nom à sa région d'origine.	☐	☐
3	Le *Gewurztraminer*, vin blanc d'Alsace, doit son nom au latin.	☐	☐
4	Le mot *sommelier* indiquait, à l'origine, un *conducteur de bêtes de somme*.	☐	☐

7 *Un vin...*
Trouvez le contraire en choisissant parmi les adjectifs donnés.

| suave | léger | plat | voilé | bouchonné | généreux |

1 Un vin corsé ≠ un vin ....

2 Un vin pétillant ≠ un vin ....

3 Un vin limpide ≠ un vin ....

4 Un vin parfumé ≠ un vin ....

8 *Un vin pour tous les goûts.*
Trouvez le synonyme.

1 Un vin *bouqueté* est un vin ☐ fruité   ☐ délicat   ☐ pâle.

2 Un vin *charpenté* est un vin ☐ léger   ☐ faible   ☐ puissant.

3 Un vin *capiteux* est un vin ☐ frais   ☐ âpre   ☐ généreux.

4 Un vin *suave* est un vin ☐ acre   ☐ très doux   ☐ amer.

5 Un vin *tannique* est un vin ☐ astringent   ☐ aigre   ☐ acide.

6 Un vin *ample* est un vin ☐ jeune   ☐ complet   ☐ austère.

7 Un vin *épanoui* est un vin ☐ équilibré   ☐ déséquilibré   ☐ frelaté.

8 Un vin *nerveux* est un vin ☐ piqué   ☐ plat   ☐ vif.

9 *Je déguste volontiers...*
Identifiez le vin sur la base de ses caractéristiques !

1 ...un vin à la robe rouge et au goût aimable, que l'on apprécie même quand il est nouveau !
☐ Merlot   ☐ Meursault   ☐ Beaujolais

2 ...un vin blanc d'Alsace, sec et nerveux :
☐ Pomerol   ☐ Riesling   ☐ Graves

3 ...un vin rosé provenant du Sud de la France :
☐ Chardonnay   ☐ Côtes-du-Rhône   ☐ Saint-Émilion

4 ...un vin du Languedoc, à la robe rouge foncé, à l'arôme chocolaté, qui le rapproche du Porto :
☐ Banyuls   ☐ Bandol   ☐ Muscadet

5 ...un vin blanc de Bourgogne, qui a la caractéristique d'être le vin le plus sec du monde :
☐ Gewurztraminer   ☐ Châteauneuf-du-Pape   ☐ Chablis

6 ...un vin blanc doux naturel, au goût puissant :
☐ Muscat   ☐ Touraine   ☐ Gaillac

CHAMPAGNE

10 *Les verbes du vin.*
Faites correspondre le verbe à sa définition.

1 ☐ Chambrer   **a** Verser un vin d'un récipient dans un autre.

2 ☐ Décanter   **b** Mettre le vin à la température de consommation.

3 ☐ Frapper   **c** Laisser reposer un vin dans une carafe pour lui faire perdre son résidu.

4 ☐ Transvaser   **d** Mettre un vin blanc au réfrigérateur ou dans un seau à glace pour le faire refroidir.

11 *Le mariage des plats et des vins.*
Cochez la bonne case !

1 Les vins blancs secs se marient bien avec   ☐ les desserts   ☐ le poisson   ☐ la volaille.

2 Les vins rosés accompagnent   ☐ le gibier   ☐ la charcuterie   ☐ la viande rouge.

3 Les vins rouges légers s'accordent avec   ☐ la volaille   ☐ le gibier   ☐ les huîtres.

4 Les vins rouges corsés se marient bien avec   ☐ la volaille   ☐ les crustacés   ☐ le gibier.

5 Les vins blancs mousseux sont servis avec   ☐ le fromage   ☐ les desserts   ☐ les moules.

12 *Le service du vin.*
Mettez les vins dans l'ordre correct de service (de 1 à 4).

☐ Vin rouge léger.   ☐ Vin blanc mousseux.

☐ Vin blanc sec.   ☐ Vin rouge corsé.

13 *D'un vin... à l'autre.*
Faites correspondre le type de vin à l'explication appropriée.

1 ☐ Cru   3 ☐ Vin de paille   5 ☐ Vin madérisé

2 ☐ Vin cuit   4 ☐ Vin de table   6 ☐ Vins primeurs ou nouveaux

a Vins vendus à partir du mois d'octobre, qui doivent présenter sur l'étiquette la mention « primeur ou nouveau » avec l'année de récolte.

b Vin rouge épicé et sucré qui est servi brûlant.

c Vin qui, en vieillissant, prend une couleur moins ambrée ; son goût rappelle celui du Madère.

d Vin qui n'a pas d'origine géographique déterminée et qui provient donc d'un mélange de différentes provenances.

e Vin liquoreux obtenu à partir des raisins disposés sur des lits de paille pour qu'ils se déshydratent.

f Terroir particulier, qui correspond au meilleur terroir, en termes de qualité du raisin, sur une zone de production, ainsi que le vin qui y est produit.

14 *Des cocktails à base de champagne.*
Lisez le texte concernant la préparation des quatre cocktails et insérez les ingrédients nécessaires.

1 *BELLINI*

Ingrédients

4/10 volume de .... ; 6/10 volume de ....

Préparation

Verser le nectar de pêches et le champagne directement dans le verre.
Il est possible de remplacer le nectar de pêches par quelques pêches écrasées, auxquelles on aura éventuellement ajouté un peu de sucre.

2 *FRAISE ROYALE*

Ingrédients

2 cl de .... ; 10 cl de ....

Préparation

Verser la crème de fraises, puis le champagne bien frais directement dans le verre.

3 *CHAMPAGNE & MANGUE*

Ingrédients

1/2 volume de .... ; 1/2 volume de .... ;

1 .... coupée en cubes

Préparation

Mélanger le champagne et le jus de mangue. Ajouter les cubes de mangue et des glaçons.

4 *CHAMPAGNE & MENTHE*

Ingrédients

quelques feuilles de .... fraîche ; 1 cuillère à soupe de
.... ; ....

Préparation

Écraser les feuilles de menthe et les mélanger avec le sucre. Verser dans une flûte.
Ajouter du champagne frappé. Décorer avec une feuille de menthe.

15 *Les professions du vin.*
Associez chaque profession à sa définition.

1 ☐ Caviste
2 ☐ Œnologue
3 ☐ Maître de chai
4 ☐ Nez
5 ☐ Sommelier
6 ☐ Vigneron

a Personne qui cultive la vigne et fait le vin.

b Personne chargée de la présentation et du service du vin dans un restaurant.

c Goûteur de vins.

d Personne chargée des soins de la cave ; c'est aussi le spécialiste du marché de détail.

e Le responsable de la cave et de tout ce qui s'y passe jusqu'à la mise en bouteilles.

f Spécialiste qui s'occupe de la vinification et de l'élevage des vins et fait les analyses les plus délicates sur le raisin et sur le vin.

16 Du plus petit au plus grand !
Disposez les récipients suivants en ordre croissant.

baril	barrique	bouteille	dame-jeanne	magnum	tonneau

1 ....
3 ....
5 ....

2 ....
4 ....
6 ....

17 Le coin des ustensiles.
Associez l'ustensile à sa fonction.

a le bougeoir et la bougie

b la carafe à vin

c l'entonnoir à vin

d le pèse-vin

e le pichet

f le seau à glace

g le taste-vin

h le tire-bouchon

Cet ustensile est utilisé pour...

1 ☐ ...servir le vin à table.

2 ☐ ...tirer le bouchon d'une bouteille.

3 ☐ ...faire décanter le vin.

4 ☐ ...s'éclairer pendant le service du vin.

5 ☐ ...déguster le vin.

6 ☐ ...mesurer le degré d'alcool du vin.

7 ☐ ...mettre la bouteille de champagne à rafraîchir.

8 ☐ ...verser le vin dans un récipient de petite ouverture.

18 Le quiz du bon connaisseur du vin.

1 *Nabuchodonosor* est le nom

a ☐ d'un vin blanc sec d'Alsace.

b ☐ d'une bouteille d'une contenance de 15 litres de champagne.

c ☐ d'un célèbre sommelier.

2 *Œnographile* signifie

    a ☐ personne qui aime le vin.

    b ☐ personne qui déteste le vin.

    c ☐ personne qui collectionne des étiquettes de vin.

3 *Petrus* est le nom

    a ☐ d'un célèbre vin rouge.

    b ☐ d'un célèbre œnologue.

    c ☐ d'un plat à base de vin rouge.

4 La *fleur* est

    a ☐ un composant du vin.

    b ☐ une maladie du vin qui se manifeste par une voile blanchâtre.

    c ☐ le nom d'un vin très parfumé.

5 Le *millésime* est

    a ☐ l'année de naissance d'un vin.

    b ☐ une petite quantité de vin.

    c ☐ un récipient.

19 *Dites-le... avec du vin !*

a Les dictons suivants ont-ils un sens positif ou négatif ? Cochez la bonne case.

Repas sans vin repas chagrin.		
Le jour de Noël humide donne greniers et tonneaux vides.		
À bon vin point d'enseigne.		
Gelée hors saison gâte ta vigne et la maison.		
Année de groseille, année de bouteille.		
La pluie le jour de Saint Robert de bon vin remplira ton verre.		

b Un mois, un dicton !

Insérez le mois correct en le choisissant parmi les douze mois de l'année.

> janvier   février   mars   avril   mai   juin   juillet   août
> septembre   octobre   novembre   décembre

1 Vigne taillée en .... emplit de raisins le panier.

2 En avril, prépare tes barils, en ...., prépare ton grenier.

3 Température d'........................ à vos vins donne le goût.

4 Quand il tonne au mois de .... monte tes barriques au grenier.

5 Pluies d'........................ remplissent caves et barils.

6 Pluie du matin en .... est bonne pour le vin.

7 En .... si la pomme passe la poire vends ton vin ou fais-le boire ; mais si la poire passe la pomme garde ton vin bonhomme.

8 Gelée d'........................ rend le vigneron sobre.

9 Froid mai et chaud .... donnent pain et vin.

10 Lorsque beaucoup d'étoiles filent en septembre, les tonneaux sont trop petits en ....

11 Pour vendanger il faut attendre au moins la fin de ....

12 Taille tôt, taille tard, mais taille en ....

Production écrite DELF

Trouvez les vins que vous pourriez marier aux plats proposés dans les différents magasins.

Ma carte des vins
_____
_____
_____
_____
_____
_____
_____
_____

Vous le saviez déjà ?

Le *champagne*, tel qu'on le connaît aujourd'hui, est né sous le règne du roi Henry IV, à la fin du XVIe siècle. Son nom est lié à celui de Dom Perignon, moine à l'Abbaye bénédictine d'Hautvillers, savant œnologue qui a pratiqué le premier l'assemblage de ce vin pétillant. Le champagne brut a été créé en 1876 à la demande des Anglais qui préféraient les vins secs.

Bon, **quand le vin est tiré, il faut le boire**, dit le proverbe... Il est temps pour nous de rentrer **chez moi** et de préparer un repas extra avec tous les ingrédients que nous venons d'acheter. Vous vous faites du souci ? Vous pensez que j'aurai des problèmes à mettre la main à la pâte ? Faites-moi confiance ! Vous allez voir...

Chez Michel

Les habitudes alimentaires

Le petit-déjeuner

le beurre

les biscottes

les biscuits

le café noir

le café au lait

les céréales

le chocolat chaud

la compote

la confiture

le croissant

le jus de fruits

le lait

le miel

le muesli

l'œuf à la coque

le pain

le thé

le yaourt

Le casse-croûte

la barre
aux céréales

les fruits

le sandwich

les viennoiseries

Le déjeuner

le poisson

les œufs

la viande

les pâtes

le riz

les pommes
de terre

les légumes

le fromage

la salade de fruits

l' entremets

l'eau minérale

le vin

Le goûter

la barre de chocolat

les crackers

la crêpe
aux myrtilles

le croque-madame

les fruits

le milk-shake

les viennoiseries

le yaourt

Le dîner

la soupe

le poisson

la viande

la charcuterie

les légumes frais

le fromage

le pain

les fruits

l'entremets

1 Les aliments et les boissons.

Cherchez dans les images précédentes les aliments et les boissons qui appartiennent à chacune des catégories suivantes, puis écrivez leurs noms.

1 Aliments sucrés :

   ....
   ....
   ....

2 Aliments non sucrés :

   ....
   ....
   ....

3 Boissons chaudes :

   ....
   ....
   ....

4 Boissons fraîches :

   ....
   ....
   ....

5 Féculents :

   ....
   ....
   ....

6 Laitages :

   ....
   ....
   ....

2 Les repas de la journée.

Faites correspondre chaque mot à sa définition.

1 ☐ Petit-déjeuner   a Petit repas, pris l'après-midi.

2 ☐ Casse-croûte   b Dernier repas de la journée.

3 ☐ Déjeuner   c Repas du matin.

4 ☐ Goûter   d Repas léger, pris d'habitude le matin, par exemple à la récré à l'école.

5 ☐ Dîner   e Repas du milieu de la journée.

3 Au petit-déjeuner, je prends volontiers...

Identifiez la boisson ou la nourriture sur la base de ses caractéristiques !

1 ...une boisson froide, qui provient d'un fruit hivernal pressé :

   ☐ jus d'orange   ☐ jus de tomate   ☐ jus d'abricot

2 ...une viennoiserie, créée en Autriche :

☐ cracker   ☐ croissant   ☐ croque-madame

3 ...une préparation à base de fruits printaniers coupés et cuits avec de l'eau et un peu de sucre :

☐ compote d'oignons   ☐ compote de cerises   ☐ compote de poires

4 ...un mélange de flocons d'avoine, de fruits frais, séchés ou de chocolat, auquel on ajoute du lait :

☐ salade de fruits   ☐ céréales   ☐ muesli

5 ...des tranches de pain de mie séchées et dorées au four :

☐ pain   ☐ biscottes   ☐ biscuits

4 *Les verbes du petit-déjeuner.*
Faites correspondre chaque verbe à sa définition.

1 ☐ Chauffer   **a** Serrer un fruit pour en faire sortir le liquide.

2 ☐ Presser   **b** Additionner de miel ou de sucre.

3 ☐ Sucrer   **c** Étaler du beurre sur une tranche de pain.

4 ☐ Tartiner   **d** Rendre chaud un liquide ou un aliment.

5 *Un peu d'étymologie.*
L'origine du mot est, à votre avis, vraie (V) ou fausse (F) ?

		V	F
1	Le mot *déjeuner* vient du latin *disjunare*, rompre le jeûne.	☐	☐
2	Le mot *biscuit* signifie cuit deux fois.	☐	☐
3	Le mot *muesli* vient du latin.	☐	☐
4	Le mot *sandwich* vient du nom d'un comte anglais.	☐	☐
5	Le mot *yaourt* est d'origine européenne.	☐	☐

6 *Un déjeuner...*
Pour chaque adjectif, choisissez le synonyme correspondant.

improvisé	abondant	nourrissant	simple	très riche

1 copieux   = ...

2 frugal   = ...

3 impromptu   = ...

4 pantagruélique   = ...

5 substantiel   = ...

7 Des déjeuners composés.

Les déjeuners suivants ont lieu à une occasion particulière. Laquelle ?

affaires	concert	débat	interview	spectacle

1 Un déjeuner-...................... est accompagné d'une manifestation musicale.

2 Un déjeuner-...................... est accompagné d'un entretien, au cours duquel on interroge une personne sur sa vie et ses projets.

3 Un déjeuner-...................... est accompagné d'une représentation théâtrale ou cinématographique.

4 Un déjeuner-...................... est accompagné d'une discussion organisée et dirigée.

5 Un déjeuner d'...................... est un repas organisé pour des raisons liées au travail.

8 Il y a repas et repas !

Faites correspondre chaque mot à sa définition.

1 ☐ Banquet   **a** Repas léger.

2 ☐ Barbecue   **b** Repas en plein air, par exemple à la campagne.

3 ☐ Buffet   **c** Repas dans lequel se retrouvent plusieurs personnes.

4 ☐ Collation   **d** Repas de fête, que l'on fait la nuit de Noël et du 31 décembre.

5 ☐ Dînette   **e** Repas de fête, au menu copieux.

6 ☐ Festin   **f** Ensemble de plats froids et de boissons, préparés sur une table, à l'occasion d'une réception.

7 ☐ Pique-nique   **g** Repas en plein air, où l'on goûte des grillades.

8 ☐ Réveillon   **h** Petit repas, parfois simulé, que les enfants font entre eux.

9 Un repas équilibré... comprend certains aliments et en évite d'autres.

Éliminez les aliments qui ne sont pas appropriés du point de vue nutritionnel.

un féculent

un fruit

un laitage

de la mayonnaise

du poisson, de la viande ou des œufs

des pommes frites

un hamburger
avec du ketchup

des légumes frais

un gâteau à la
crème chantilly

« Quel maigre dîner !...
Ou quel dîner maigre ? »

10 *Une recette pour le goûter : les crêpes aux myrtilles.*
Michel veut réaliser la recette suivante…

Pour 4 personnes

Ingrédients pour la pâte

250 g de farine, 4 œufs, 50 cl de lait,
20 g de beurre, sel

Ingrédients pour la garniture

150 g de myrtilles fraîches, confiture
de myrtilles

Préparation

1 Mettre la farine dans un saladier, creuser un puits au centre, ajouter une pincée de sel et
les œufs entiers.

2 Mélanger avec une cuillère en bois jusqu'à obtention d'une pâte homogène, puis verser le
lait petit à petit en continuant à tourner.

3 Couvrir le saladier et laisser reposer 2 heures. Si au moment de la cuisson la pâte est trop
épaisse, y ajouter un petit verre d'eau.

4 Faire fondre un peu de beurre dans une crêpière. Verser une louche de pâte en tournant
la poêle pour bien recouvrir le fond.

5 Laisser cuire à feu moyen pendant 1 à 2 minutes.

6 Retourner la crêpe et la laisser cuire sur l'autre face.
Préparer les autres crêpes de la même façon.

7 Faire glisser les crêpes sur une assiette chaude qui sera
à son tour posée sur une casserole d'eau bouillante.

8 Disposer au centre de chacune un peu de confiture
et quelques myrtilles. Replier en quatre.

9 Servir tiède.

...mais quel désastre ! Michel a raté ses crêpes. Heureusement, le chef Marc décide de l'aider. Complétez ses indications avec les ingrédients qui manquent.

MICHEL

1 J'ai mélangé la farine avec le sel.

2 J'ai mélangé la pâte avec une cuillère en bois.

3 J'ai laissé reposer la pâte pendant deux heures.

4 J'ai versé une louche de pâte dans la poêle.

5 J'ai servi mes crêpes.

CHEF MARC

a Mais tu as oublié d'ajouter les .... !

b Mais tu n'a pas mis de .... !

c Mais elle était trop épaisse et tu as oublié d'y ajouter de l'....................... !

d Mais avant tu n'a pas fait fondre le .... !

e Mais tu as oublié la garniture de .... !

11 *Devinez l'aliment ou la boisson.*

1 On doit le goûter bien chaud, farci de fromage et de jambon et surmonté d'un œuf. Malgré son nom, il est apprécié même par les messieurs ! ....

2 Chaud ou froid, au lait ou au citron, c'est toujours une boisson ! ....

3 C'est un laitage fermenté que l'on peut apprécier nature ou enrichi de confiture et de fruits : ....

4 Le même mot a deux sens : on le boit chaud ou on le goûte en barre, parfois avec un morceau de pain ! ....

5 C'est une substance bien sucrée, qu'on peut apprécier sur une tartine beurrée. On la trouve dans la nature, grâce aux abeilles ! ....

12 *Le coin des ustensiles.*
Associez l'ustensile à sa fonction.

a le coquetier   **b** la crêpière   **c** la cuillère en bois

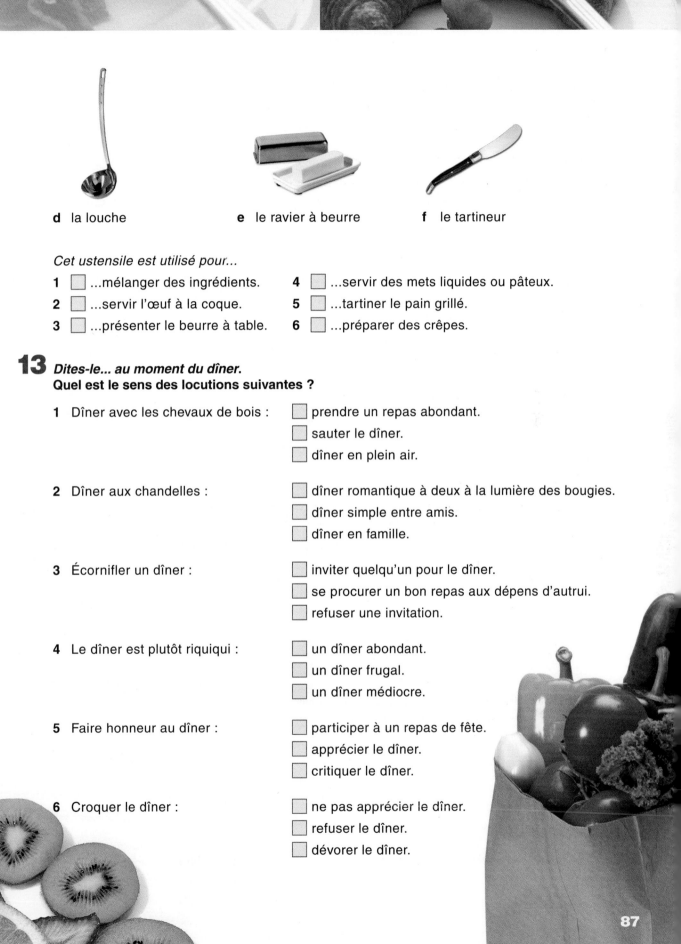

d la louche **e** le ravier à beurre **f** le tartineur

Cet ustensile est utilisé pour...

1 ☐ ...mélanger des ingrédients.

2 ☐ ...servir l'œuf à la coque.

3 ☐ ...présenter le beurre à table.

4 ☐ ...servir des mets liquides ou pâteux.

5 ☐ ...tartiner le pain grillé.

6 ☐ ...préparer des crêpes.

13 *Dites-le... au moment du dîner.*
Quel est le sens des locutions suivantes ?

1 Dîner avec les chevaux de bois : ☐ prendre un repas abondant.
☐ sauter le dîner.
☐ dîner en plein air.

2 Dîner aux chandelles : ☐ dîner romantique à deux à la lumière des bougies.
☐ dîner simple entre amis.
☐ dîner en famille.

3 Écornifler un dîner : ☐ inviter quelqu'un pour le dîner.
☐ se procurer un bon repas aux dépens d'autrui.
☐ refuser une invitation.

4 Le dîner est plutôt riquiqui : ☐ un dîner abondant.
☐ un dîner frugal.
☐ un dîner médiocre.

5 Faire honneur au dîner : ☐ participer à un repas de fête.
☐ apprécier le dîner.
☐ critiquer le dîner.

6 Croquer le dîner : ☐ ne pas apprécier le dîner.
☐ refuser le dîner.
☐ dévorer le dîner.

7 Préparer un dîner d'apparat :
- ☐ un dîner important.
- ☐ un dîner simple.
- ☐ un dîner d'anniversaire.

8 Qui dort dîne :
- ☐ le sommeil fait oublier la faim.
- ☐ après le sommeil arrive la faim.
- ☐ on ne dort pas si on a faim.

9 Inviter quelqu'un à la fortune du pot :
- ☐ on va préparer un dîner copieux.
- ☐ le dîner sera simple, réalisé avec les ingrédients qu'on a à sa disposition.
- ☐ faire les courses pour préparer un bon dîner.

14 Le jeu du pendu de l'alimentation quotidienne.

C _ _ _ _ _ S   S _ _ _ _ _ H   C _ _ _ _ _ _ T   S _ _ _ E

B_ _ _ _ _ _ _ _ _ _ _ _ _ T   M _ _ _ - _ _ _ _ E   C _ _ _ _ E

Interaction orale DELF

Demandez à un/e camarade ce qu'il/elle préfère manger dans les différents repas de la journée. Puis, inversez les rôles.

On a bien mangé ! Qu'est-ce que vous en pensez ? Vous avez aimé ? On peut bien dire qu'aujourd'hui on n'a pas déjeuné avec les chevaux de bois... Et demain ? Nous allons rendre visite à Antoine, le maître, et Marc, le chef, du **restaurant Mouffetard**. Bien sûr, si vous êtes d'accord...

Vous le saviez déjà ?

Autrefois en France, les noms des repas avaient un sens différent. Le *déjeuner* était le premier repas du matin, qui servait à rompre le jeûne. Les hommes qui allaient aux champs consommaient le *dix-heures*. Le *dîner* était le repas de midi. Le *quatre-heures* correspondait au goûter. Le repas du soir, à base essentiellement de soupe, s'appelait *souper*. Et pour la nuit ? Il y avait le *médianoche*, un repas d'origine espagnole pris après minuit, introduit en France par Anne d'Autriche.

Auto-évaluation

Chez le fromager					Auto-évaluation du niveau des connaissances lexicales		
Pâte molle, à croûte fleurie/lavée	Pâte persillée	Chèvre	Pâte pressée cuite/ non cuite	Ustensiles	☺	😐	☹

Chez le marchand de vin					Auto-évaluation du niveau des connaissances lexicales		
Vins blancs	Vins blancs mousseux	Vins rosés	Vins rouges	Ustensiles	☺	😐	☹

Chez Michel					Auto-évaluation du niveau des connaissances lexicales		
Petit-déjeuner	Déjeuner	Goûter	Dîner	Ustensiles	☺	😐	☹

Au restaurant *Mouffetard*

MENU DÉGUSTATION

Les brochettes de langoustines rôties et la chair de tourteau

Le velouté glacé de betterave au cumin

La salade de saison et les herbes amères

Le filet de sole au naturel avec sa macédoine de légumes

Le sorbet à la pomme verte

Le magret de canard grillé aux poires

Le plateau de fromages

La coupe glacée aux framboises

Ce menu est proposé à 60 euros par personne, service et taxes compris.

1 *La carte, s'il vous plaît !*
Faites correspondre chaque liste de plats à sa définition.

1 ☐ Carte

2 ☐ Menu à prix fixe avec choix

3 ☐ Menu à prix fixe sans choix

4 ☐ Menu d'affaires

5 ☐ Menu dégustation

6 ☐ Menu diététique

7 ☐ Menu pour les enfants

a Ensemble de plats réalisés sur la base des exigences des plus petits.

b Plats réalisés pour un repas qui a lieu pour des raisons de travail.

c Liste de tous les plats présents dans un restaurant avec leurs prix.

d Liste déterminée de plats proposés à prix fixe.

e Liste déterminée de plats proposés à prix fixe avec une possibilité de choix de la part du client.

f Menu qui propose de petites portions de toutes les spécialités indiquées.

g Plats réalisés pour des personnes qui suivent un régime alimentaire particulier.

2 *Les plats du menu.*
D'abord, faites correspondre chaque mets à sa définition...

1 ☐ Dessert

2 ☐ Entrée

3 ☐ Garniture

4 ☐ Hors-d'œuvre

5 ☐ Plat principal de poisson

a Bouillon, souvent à base de légumes coupés menu ou passés.

b Petit plat qui ouvre le repas.

c Mets qui précède le plat principal.

d Le plat de résistance, à base de poulet, porc, gibier...

e Accompagne le plat principal et est composée de légumes.

6 ☐ Plat principal   **f**   Dernier service du repas, comprend fruits, entremets, pâtisseries...
     de viande

7 ☐ Potage   **g**   Le plat le plus important, à base de dorades, truites...

...ensuite, remettez les plats dans l'ordre de service.

1 ....

2 ....

3 ....

4 Plat principal de poisson avec garniture

5 ....

6 Fromages

7 ....

3   *Vous désirez ?*
D'abord, identifiez chaque plat...

1 Bar au romarin avec choix de légumes printaniers à la vapeur ....

2 Soupe au potiron ....

3 Caneton à la broche avec navets caramélisés ....

4 Terrine de foie gras et truffes ....

5 Dorade au four avec chou-fleur sauce hollandaise ....

6 Galettes aux champignons et lardons ....

7 Velouté aux asperges ....

8 Pyramide de fraises avec chantilly ....

9 Lapin rôti à la moutarde avec carottes et petits pois à la crème ....

10 Ananas flambé ....

11 Galettes à la crème de saumon ....

12 Escargots de Bourgogne ....

...ensuite, recomposez les deux menus. Indiquez aussi leur saison !

a   **b**

....

....

....

....

        Sorbet au pomélo   Sorbet au cédrat

....

....

SAISON : ....   SAISON : ....

4 *Le menu du restaurant Mouffetard.*

Avez-vous bien compris ce qu'il propose ? Dites si les affirmations suivantes sont vraies (V) ou fausses (F) et corrigez les erreurs.

		V	F
1	Le hors-d'œuvre est à base de viande.	☐	☐
	....		
2	Dans le velouté, il y a des légumes et une épice.	☐	☐
	....		
3	L'entrée est chaude.	☐	☐
	....		
4	Le plat principal de poisson prévoit des crustacés.	☐	☐
	....		
5	Le plat principal de viande a une garniture de légumes.	☐	☐
	....		
6	Le menu prévoit de la volaille.	☐	☐
	....		
7	Le dessert est à base de glace et de fruits rouges.	☐	☐
	....		
8	Le menu est printanier.	☐	☐
	....		

« Maintenant on entre dans la **salle**, le règne d'Antoine, le maître d'hôtel ! »

Dans la salle de restaurant

Le mobilier

la chaise

le guéridon

la table carrée

la table rectangulaire

la table ronde

la table roulante

Le linge

le liteau

le molleton

la nappe et le napperon

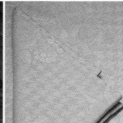
la serviette

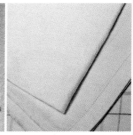
le torchon

Les couverts

la cuillère de table

la fourchette de table

le couteau de table

la fourchette à poisson

le couteau à poisson

la cuillère à dessert

la fourchette
à dessert

le couteau à dessert

la cuillère à café

la cuillère à moka

La vaisselle

l'assiette plate

l'assiette creuse

l'assiette ovale

le plat rond

l'assiette à
entremets

l'assiette à pain

l'assiette
à salade creuse

la coupelle

la tasse à bouillon
avec soucoupe

la tasse à thé
avec sous-tasse

la tasse à café
avec sous-tasse

la tasse à moka
avec sous-tasse

La verrerie

le verre à eau

le verre à vin

le verre
à vin d'Alsace

le verre à vin
de Bordeaux

le verre à vin
de Bourgogne

la flûte
à champagne

le verre
à dégustation

le verre à liqueur

Le petit matériel

la cafetière

la coupe à glace

la ménagère

le photophore

le pot à lait

la saucière

la théière

le vase

1 *En salle.*
Faites correspondre chaque terme à sa définition.

1 ☐ Couverts

2 ☐ Linge

3 ☐ Mobilier

4 ☐ Petit matériel

5 ☐ Vaisselle

6 ☐ Verrerie

a Ensemble des pièces de tissus servant à la mise en place ou au service.

b Ensemble des récipients nécessaires pour servir ou consommer le repas.

c La cuillère, la fourchette et le couteau.

d Ensemble des meubles destinés à la salle.

e Récipients de verre.

f Petites pièces utiles pour la mise en place et le service.

2 *On l'utilise pour...*
**Quel est le matériel utilisé dans les situations suivantes ?
Cochez la bonne case.**

1 ...permettre aux convives de s'asseoir à table :

☐ guéridon ☐ table ovale ☐ chaise

2 ...protéger la nappe des taches :

☐ serviette ☐ napperon ☐ liteau

3 ...goûter une truite pochée aux petits pois :

☐ couverts à poisson ☐ couverts à dessert ☐ couverts de table

4 ...boire un bon Beaujolais :

☐ verre à eau ☐ verre à vin ☐ flûte à champagne

5 ...permettre aux convives de « dîner aux chandelles » :

☐ vase ☐ ménagère ☐ photophore

6 ...servir des plats ou débarrasser la table :

☐ table roulante ☐ table carrée ☐ table ronde

3 *Chassez l'intrus !*

1 Cuillère de table – fourchette à dessert – couteau à dessert – saucière.

2 Photophore – liteau – pot à lait – vase.

3 Molleton – nappe – serviette – plat rond.

4 Table carrée – assiette creuse – coupelle – tasse à café.

5 Verre à dégustation – verre à liqueur – couteau à poisson – flûte à champagne.

4 La mise en place.
Insérez les mots correspondant aux images.

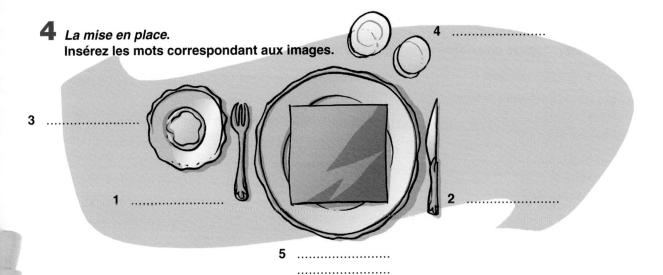

4 ....

3 ....

1 ....

2 ....

5 ....
....

a assiette à pain
b assiette de mise en place

c couteau de table
d fourchette de table

e serviette
f verre à vin et verre à eau

5 La pyramide de la brigade de restaurant.
D'abord, insérez dans les différents niveaux de la pyramide le personnel indiqué...

chef de rang   commis   chef de carré   maître d'hôtel

« Le sommelier aussi fait partie de la brigade de restaurant ! »

...ensuite, trouvez pour chaque définition la personne qu'il faut.

1 Personne responsable du service d'un rang, ensemble de tables dont le nombre est compris entre six et huit : ....

2 Dans les grands restaurants, c'est lui qui a la responsabilité d'un secteur de la salle, qui comprend plusieurs rangs : ....

3 Personnel qui s'occupe de l'entretien des locaux et du matériel : ....

4 Le responsable de la salle et de l'accueil des clients : ....

6 *Les verbes en salle.*
D'abord, faites correspondre chaque verbe à sa définition...

1 ☐ Débarrasser
2 ☐ Entretenir le local
3 ☐ Faire la mise en place
4 ☐ Prendre la commande
5 ☐ Servir le client

a Demander au client ce qu'il désire.
b Préparer la table pour le repas.
c Libérer la table du matériel qui l'encombre.
d Apporter au convive les plats commandés.
e Nettoyer la salle du restaurant.

...ensuite, remettez les actions dans le bon ordre.

1 ....
2 ....
3 ....
4 ....
5 ....

7 *Un peu d'étymologie.*
L'origine du mot est, à votre avis, vraie (V) ou fausse (F) ?

	V	F
1 Le mot *menu* vient du latin *minutus*, dans le sens de détail.	☐	☐
2 Le mot *carte* vient du latin *charta*, du papier sur lequel elle est écrite.	☐	☐
3 Le mot *guéridon* vient du latin.	☐	☐
4 Le mot *restaurant* rappelle le fait que dans ce lieu on peut se rencontrer et se restaurer.	☐	☐

Production orale et écrite DELF

Décrivez à un/e de vos camarades ce que vous voyez sur la photo. Il/Elle prend des notes.

....
....
....
....
....
....
....
....
....
....

"« Voilà, **la cuisine** nous ouvre ses portes.
Le chef Marc nous attend ! »"

Dans la cuisine

Les couteaux

| le canneleur | le couteau à battre | le couteau-éminceur | le couteau-scie | le tranche-lard |

Les ustensiles pour la préparation et la manipulation des aliments

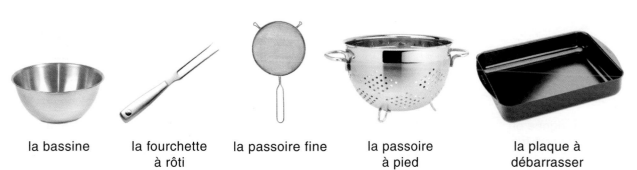

| la bassine | la fourchette à rôti | la passoire fine | la passoire à pied | la plaque à débarrasser |

Les ustensiles de cuisson

la braisière

la cocotte en fonte

la marmite

la plaque à rôtir

le plat à gratin

la poêle à poisson

la russe

la sauteuse

le sautoir

Les petits ustensiles

l'araignée ou
écumoire à friture

la batte à côtelettes

le hachoir

la roulette à pâte

1 On l'utilise pour...

Quel est le matériel utilisé dans les situations suivantes ?
Cochez la bonne case.

1 ...trancher les pièces de viandes rôties :

a ☐ couteau à battre   b ☐ couteau-scie   c ☐ tranche-lard

2 ...égoutter les aliments traités en friture :

a ☐ sautoir   b ☐ araignée   c ☐ fourchette à rôti

3 ...passer les bouillons :

a ☐ passoire à pied   b ☐ passoire fine   c ☐ bassine

4 ...égaliser l'épaisseur des pièces de viande :

a ☐ couteau-éminceur   b ☐ hachoir   c ☐ batte à côtelettes

5 ...éplucher et transporter les aliments :

a ☐ plaque à débarrasser   b ☐ cocotte   c ☐ braisière

6 ...faire bouillir de l'eau et cuire des aliments :

a ☐ plaque à rôtir   b ☐ sauteuse   c ☐ marmite

2 À propos de cuisson...

Complétez la grille avec l'ustensile utilisé
pour cuire le plat indiqué.

Plat	Ustensile
Sole meunière	
Gratin dauphinois	
Filets de pigeons rôtis	
Sauté de veau à la provençale	
Soupe au potiron	
Lentilles vertes en vinaigrette	

3 *Des plats salés célèbres !*
Pouvez-vous les recomposer ? Aidez-vous des mots donnés.
Attention ! Il y en a quelques-uns qui ne vous seront pas utiles !

riz	lorraine	au-vent	bourguignonne	au pistou	au-feu	provençale

1 Fondue ....
2 Pot- ....
3 Quiche ....

4 Soupe ....
5 Vol- ....

4 *Un dessert, une histoire !*
D'abord, insérez le mot qui manque...

Belle-Hélène	chantilly	Melba	Suzette

1 Pêches ....
2 Poires ....

3 Crêpes ....
4 Crème ....

...ensuite, trouvez la bonne explication.

a ☐ Crème fouettée, inventée probablement au château de Chantilly, à l'époque où Vatel organisait des repas de légende.

b ☐ Crêpes parfumées à l'orange et au Grand Marnier et flambées, créées à Monte Carlo, en hommage à une accompagnatrice du Prince de Galles, futur Edouard VII.

c ☐ Recette réalisée par Escoffier à l'Hôtel Savoy de Londres pour Nellie Melba, célèbre cantatrice : de la glace vanille est servie avec des pêches coupées à moitié, pochées et nappées de crème chantilly.

d ☐ Poires pochées et nappées d'une sauce chaude au chocolat. Leur nom se réfère à la célèbre opérette d'Offenbach.

5 *La pyramide de la brigade de cuisine.*
D'abord, insérez dans les différents niveaux de la pyramide le personnel indiqué...

sous-chef	commis de cuisine	chef de partie	chef de cuisine

...ensuite, trouvez pour chaque définition la personne qu'il faut.

1 Il s'occupe des préparations de base, aide les chefs de partie et fait la plonge* :
....

2 C'est le responsable d'un secteur de la cuisine : ....

3 La personne qui vient tout de suite après le chef de cuisine : ....

4 C'est lui qui dirige la brigade de cuisine : ....

6 *Vous avez dit chef ?*
Faites correspondre chaque chef de partie à ses tâches !

1 ☐ Chef communard

2 ☐ Chef entremetier

3 ☐ Chef garde-manger

4 ☐ Chef pâtissier

5 ☐ Chef poissonnier

6 ☐ Chef rôtisseur

7 ☐ Chef saucier

8 ☐ Chef tournant

a Sa spécialité sont les poissons, les crustacés et les mollusques, sauf les préparations frites et grillées.

b Il réalise toutes les pâtisseries, mais aussi les pâtes salées.

c Il est chargé de la préparation de tous les aliments frits, rôtis et grillés.

d Il remplace les autres chefs de partie pendant leur absence.

e Il est chargé de la préparation des légumes, des pâtes, des potages et des œufs.

f Il est spécialisé dans la préparation des sauces.

g Il prépare les repas du personnel.

h C'est lui qui contrôle, met en dépôt et repartit les denrées qui proviennent de l'économat*.

7 *Une recette du chef Marc : le velouté de courgettes.*

Ingrédients (pour 6 personnes)

5 courgettes, 3/4 de litre de bouillon de volaille, 20 cl de crème liquide,
1 cuillère à soupe de curry, sel et poivre du moulin

Faites correspondre chaque phase de préparation à l'image.

1 ☐ Laver les courgettes, en couper les extrémités, les couper en quatre tronçons.

2 ☐ Porter le bouillon à ébullition et y faire cuire les courgettes pendant environ 20 minutes. Les sortir avec une écumoire et les passer au mixeur.

3 ☐ Mettre la purée de courgettes dans un bol et y ajouter peu à peu le bouillon, puis la crème liquide et le curry.

4 ☐ Rectifier de sel et poivre, si nécessaire.

5 ☐ Mettre au réfrigérateur au moins deux heures.

6 ☐ Servir glacé.

8 *Un menu, plusieurs chefs !*
Quels sont les chefs de partie impliqués dans la préparation du menu du restaurant Mouffetard ? Complétez la grille.

Plat	Chef de partie
Les brochettes de langoustines rôties et chair de tourteau	
Le velouté glacé de betterave au cumin	
La salade de saison et herbes amères	
Les filets de sole au naturel avec macédoine de légumes	
Le sorbet à la pomme verte	
Le magret de canard grillé aux poires	
La coupe glacée aux framboises	

9 *Les lieux de la restauration.*
Faites correspondre chaque lieu à sa définition.

1 ☐ Bistrot   **a** Lieu public où on peut consommer du café, des boissons, des sandwichs.

2 ☐ Bistrot à vins   **b** Café restaurant qui propose un choix de bières.

3 ☐ Brasserie   **c** Petit café restaurant.

4 ☐ Cafétéria   **d** Restaurant qui propose les plats typiques d'un pays étranger, souvent lointain.

5 ☐ Restaurant ethnique   **e** Restaurant où l'on consomme des spécialités gastronomiques concernant un produit de base, par exemple le foie gras, le poisson.

6 ☐ Restaurant rapide   **f** Petit restaurant qui offre de la bonne cuisine et du bon vin dans un cadre simple et informel.

7 ☐ Restaurant à thème   **g** Restaurant qui propose des repas à consommer rapidement, par exemple des sandwichs...

10 *Dites-le... avec de la vaisselle !*

D'abord, faites correspondre chaque locution au dessin...

1 ☐ Apporter quelque chose à quelqu'un sur un plat d'argent.

2 ☐ Faire tout un plat de quelque chose.

3 ☐ Goûter à tous les plats.

4 ☐ Mettre les petits plats dans les grands.

5 ☐ Ne pas être dans son assiette.

6 ☐ Vendre quelque chose pour un plat de lentilles.

...ensuite, associez chaque phrase à sa définition.

a Être prêts à céder quelque chose d'important.

b Ne pas se sentir bien, d'un point de vue physique ou moral.

c Montrer une grande considération pour quelqu'un.

d Servir un repas somptueux mais aussi... être très précis !

e Ne pas se contenter d'un seul plat !

f Accorder trop d'importance à un événement insignifiant.

1 ☐   2 ☐   3 ☐   4 ☐   5 ☐   6 ☐

105

11 *Charade... en chef !*

1 Mon premier est un monument parisien qui porte le nom d'un célèbre Gustave.
Mon deuxième est la 14e lettre de l'alphabet.
Mon troisième a 365 jours.
Mon quatrième est la 20e lettre de l'alphabet.
Mon tout est le chef qui remplace les autres : _ _ _ _ _ _ _ _

2 Mon premier est une préposition.
Mon dernier est un synonyme de profession.
Mon tout est le chef qui s'occupe des légumes : _ _ _ _ _ _ _ _ _ _ _

3 Mon premier comprend dorades et truites.
Mon dernier correspond à refuser.
Mon tout est le chef qui prépare mollusques et crustacés : _ _ _ _ _ _ _ _ _ _ _

Production écrite **DELF**

Cherchez dans tous les magasins de Rue Mouffetard les plats proposés et recomposez le menu de Michel. Indiquez aussi la saison. Attention à l'ordre des services !

Le menu de Michel
_____
_____
_____
_____
_____
_____
_____

Saison : _____

Vous le saviez déjà ?

L'expression *dresser la table* a été créée au Moyen Âge : les salles à manger n'existaient pas et l'on posait une planche de bois sur des tréteaux à l'endroit où on désirait déjeuner ou dîner. De nos jours elle signifie plus simplement *mettre le couvert*.

Bon. On s'est bien régalés ! Il nous faut un bon café. On va visiter Fabrice, au **café du Vieux-Paris**...

Au café du Vieux-Paris

Les boissons chaudes

le café crème

le café décaféiné

le café expresso

le chocolat chaud

l'infusion

le lait chaud

le thé

la tisane

Les boissons fraîches

la bière

le coca-cola

le cocktail de fruits tropicaux

l'eau minérale

le jus de fruits

le jus de légumes

la limonade

le milk-shake

le sirop

le soda aux
fruits rouges

le thé glacé

le tonic

Les apéritifs

a   à base de vin

b   à base d'alcool

le quinquina

le vermouth

l'anis

le bitter

la gentiane

Les spiritueux

a   Les eaux-de-vie

l'arak

l'armagnac

le calvados

le cognac

le genièvre

le gin

le kirsch

le marc de
Champagne

le rhum

la téquila

la vodka

le whisky

b   Les liqueurs

la bénédictine

le cassis

la chartreuse

le curaçao

le génépi

la liqueur
de framboise

le marasquin

la menthe

1 *À consommer avec modération !*
Faites correspondre chaque catégorie à sa définition.

1 ☐ Apéritifs
    a Liquides alcooliques provenant de la distillation des fruits ou des substances alimentaires.

2 ☐ Boissons chaudes
    b Boissons sucrées et aromatisées, à base d'alcool.

3 ☐ Boissons fraîches
    c Boissons à base de vin ou d'alcool que l'on consomme avant le repas.

4 ☐ Eaux-de-vie
    d Boissons qui contiennent une forte proportion d'alcool.

5 ☐ Liqueurs
    e Liquides rafraîchissants.

6 ☐ Spiritueux
    f Liquides que l'on boit pour se réchauffer.

2 Chassez l'intrus !

1 Café crème – thé – chocolat chaud – bitter – tisane.

2 Rhum – armagnac – kirsch – vodka – marasquin.

3 Vermouth – gentiane – téquila – anis – quinquina.

4 Curaçao – milk-shake – menthe – cassis – bénédictine.

3 Pas d'armagnac sans vin !
Faites correspondre la boisson alcoolisée indiquée à ses ingrédients principaux.

1 ☐ Arak   a Herbes, par exemple angélique et mélisse.

2 ☐ Calvados   b Vin.

3 ☐ Chartreuse   c Cerise acide.

4 ☐ Cognac   d Écorce d'orange amère.

5 ☐ Curaçao   e Grains : avoine, maïs, orge, seigle.

6 ☐ Gin   f Orge, seigle.

7 ☐ Marasquin   g Seigle ou maïs, feuilles de genièvre.

8 ☐ Rhum   h Cidre.

9 ☐ Téquila   i Vin aromatisé de plantes amères et toniques.

10 ☐ Vermouth   j Riz.

11 ☐ Vodka   k Canne à sucre.

12 ☐ Whisky   l Agave.

4 Un peu d'étymologie.
L'origine du mot est, à votre avis, vraie (V) ou fausse (F) ?

                             V   F

1 *Whisky* vient du gaélique *usquebaugh*, eau-de-vie.   ☐ ☐

2 *Calvados*, d'origine espagnole, se réfère à la ville de production.   ☐ ☐

3 *Apéritif* vient du latin *aperire* et signifie ouvrir l'appétit.   ☐ ☐

4 *Liqueur* vient du latin *liquor* qui signifie fluide, liquide.   ☐ ☐

5 *Vodka*, d'origine latine, signifie *amer*.

5 On va boire...
Identifiez la boisson sur la base de ses caractéristiques.

1 ...une boisson fraîche, aromatisée aux extraits naturels de citron ?

    ☐ jus de fruits   ☐ tonic   ☐ limonade

2 ...une boisson alcoolisée, obtenue du jus de pomme ?

    ☐ calvados   ☐ armagnac   ☐ chartreuse

3 ...un jus de légumes, à base d'un légume estival de couleur rouge ?

☐ jus de carotte   ☐ jus de tomate   ☐ jus d'abricot

4 ...une boisson infusée à base d'une herbe aromatique ?

☐ thé   ☐ tisane de verveine   ☐ gentiane

5 ...une boisson apéritive amère ?

☐ sirop   ☐ anis   ☐ bitter

6 ...une boisson fraîche, qu'on peut apprécier nature ou gazeuse ?

☐ soda   ☐ eau minérale   ☐ thé glacé

7 ...un verre de liqueur à base de fruits rouges ?

☐ cassis   ☐ bénédictine   ☐ tonic

8 ...une boisson alcoolisée fermentée, fabriquée avec de l'orge germée et des fleurs de houblon ?

☐ bière   ☐ vermouth   ☐ liqueur de framboise

6 *À chaque boisson... le bon récipient !*
Faites correspondre chaque définition à l'image correcte.

a   b   c   d   e

1 ☐ Après le dîner j'aime bien boire un verre de whisky !
2 ☐ Quel froid ! Une bonne tasse de thé est ce qu'il nous faut !
3 ☐ Tu as soif ? Je vais te chercher une canette de coca.
4 ☐ Pas de citron pour moi, merci. Je préfère quelques gouttes de lait.
5 ☐ Si tu vas faire les courses, n'oublie pas d'acheter une bouteille d'eau minérale gazeuse !

7 *Des cafés pour tous...*
Les cafés suivants ont quelque chose qui les caractérise. De quoi s'agit-il ?

concert	cyber	littéraire	restaurant	tabac	théâtre

1 Un café-........................ est une petite salle où l'on assiste à un spectacle scénique et où l'on peut boire une consommation.

2 Un café-......................... offre à ses clients des plats chauds et des boissons.

3 Un café-......................... met à la disposition de ses clients une salle où l'on peut écouter des chanteurs et commander une boisson.

4 Un café-......................... est un établissement où se trouve aussi un bureau de tabac.

5 Un .... café offre à ses clients les services traditionnels et en plus l'opportunité d'accéder à Internet.

6 Un café .... est un établissement où se réunissent des écrivains, des poètes.

8 Le personnel du café.
Associez chaque profession à sa définition.

1 ☐ Barmaid   **a** Il fait le va-et-vient entre la salle et le café, prend et transmet les commandes.

2 ☐ Barman   **b** Il travaille derrière le zinc*, prépare les boissons, encaisse et fait la plonge.

3 ☐ Garçon de café   **c** C'est le responsable du café, il accueille la clientèle et élabore les cocktails.

4 ☐ Garçon de comptoir   **d** Serveuse de café.

9 Je voudrais un café...

    a   **b**   **c**   **d**   **e**

1 ☐ ...viennois, recouvert de crème chantilly.

2 ☐ ...crème, auquel on a ajouté un peu de crème.

3 ☐ ...expresso, noir et bien serré.

4 ☐ ...liégeois, réalisé avec de la glace au café surmontée de crème chantilly.

5 ☐ ...américain, noir et long, présenté dans une grande tasse.

10 Une recette du café du Vieux-Paris.
Le texte de la recette est donné pêle-mêle. Remettez ses phrases (de 1 à 6) dans le bon ordre !

Café crème à la menthe

Ingrédients (pour 1 personne)
5 cl de crème de menthe blanche, 1 cuillère à café de sucre,
25 cl de café chaud, crème fouettée, copeaux de chocolat noir

Préparation

- ☐ Poser délicatement la crème fouettée à la surface à l'aide d'une grande cuillère.
- ☐ Ajouter le café chaud, puis mélanger.
- ☐ Verser dans le verre la crème de menthe et le sucre.
- ☐ Décorer avec les copeaux de chocolat.
- ☐1 Réchauffer un verre à cognac.
- ☐ Déguster sans mélanger.

11 *Le coin des ustensiles.*
Associez l'ustensile à sa fonction.

a le couteau à agrumes **b** la cuillère à mélange **c** le moulin à café

d l'ouvre-bouteille **e** la paille **f** la râpe à muscade

g le shaker **h** le siphon d'eau de Seltz

Cet ustensile est utilisé pour...

1 ☐ ...moudre le café.

2 ☐ ...ouvrir les bouteilles capsulées.

3 ☐ ...aspirer une boisson.

4 ☐ ...râper la noix de muscade.

5 ☐ ...ajouter de l'eau gazeuse dans les cocktails.

6 ☐ ...mélanger les cocktails.

7 ☐ ...couper les agrumes en fines tranches.

8 ☐ ...préparer des cocktails et des boissons glacées.

12 *Dites-le... avec des boissons !*
Les locutions suivantes sont-elles vraies (V) ou fausses (F) ?

		V	F
1	*Être chocolat* signifie être privé d'une chose sur laquelle on comptait.	☐	☐
2	*Ça vaut le jus* est l'équivalent de *ça vaut le coup*.	☐	☐
3	On dit *cette musique, c'est du sirop*, quand on aime bien une musique.	☐	☐
4	En disant *c'est un peu fort de café* on se réfère à une situation difficile à accepter.	☐	☐
5	On dit *c'est de la petite bière* pour indiquer que ce dont on parle n'est pas important.	☐	☐
6	*Ce n'est pas ma tasse de thé* signifie que ce dont je parle me convient.	☐	☐

13 *Un test... alcoolisé !*
Cochez la bonne case.

« Je vais prendre une tasse à café ou une tasse de café ? »

1 Un *pousse-café* est
   ☐ un café noir.
   ☐ un petit verre d'alcool qu'on prend après le café.
   ☐ un café arrosé, auquel on a ajouté de l'alcool.

2 *Faire le trou normand* signifie
   ☐ boire un verre de calvados en Normandie.
   ☐ renoncer à un verre offert par un ami.
   ☐ boire un verre d'alcool entre deux plats pour faciliter la digestion.

3 On demande *une fine* quand on désire boire
   ☐ un apéritif.
   ☐ un cognac.
   ☐ une liqueur.

4 Le *grog* est
   ☐ une boisson préparée avec de l'eau chaude sucrée et du rhum.
   ☐ une boisson à base de téquila.
   ☐ un ustensile que l'on utilise pour préparer les cocktails.

Vous le saviez déjà ?

Le *Procope*, ouvert en 1686, est le café le plus ancien de Paris, fréquenté par les philosophes du XVIIIᵉ siècle, les romantiques, les poètes symbolistes ainsi que par des acteurs et des personnes célèbres.
Un autre établissement parisien, le *Café de Flore*, a vu la naissance dans ses salles du mouvement surréaliste et la présence de poètes tels que Apollinaire, Aragon, André Breton. Quand on dit les cafés littéraires...

Nous voilà. Notre visite des magasins de Rue Mouffetard est terminée, ou presque...
Si vous voulez, on va quitter Paris pour devenir un « France-trotter » gastronomique et découvrir quelques textes liés à la cuisine.
Jacqueline, la libraire, nous attend à **La librairie La Mouff...**

Auto-évaluation

Au restaurant Mouffetard					Auto-évaluation du niveau des connaissances lexicales		
a La salle							
Mobilier	Linge	Couverts et vaisselle	Verrerie Petit matériel	Brigade	☺ ++	😐	☹
b La cuisine							
Couteaux	Ustensiles préparation/ manipulation	Ustensiles de cuisson	Petits ustensiles	Brigade	☺ ++	😐	☹

Au café du Vieux-Paris					Auto-évaluation du niveau des connaissances lexicales		
Boissons chaudes	Boissons fraîches	Apéritifs	Spiritueux	Ustensiles	☺ ++	😐	☹

À la librairie *La Mouff*

1 *Vivement la bouffe* * !

On va se régaler et apprécier un repas abondant, ou plutôt manger peu ou pire...
D'abord, cochez la bonne case...

1 Manger du bout des dents		
2 Manger à sa faim		
3 Bouffer des briques		
4 Manger par cœur		
5 Manger comme un chancre		
6 Manger sur le pouce		
7 Manger un morceau		
8 Croquer à belles dents		
9 Manger avec un lance-pierre		
10 Manger comme un oiseau		
11 Manger comme quatre		
12 Manger comme un loup		

...ensuite, insérez dans la grille les locutions correspondant à la définition indiquée.

« Et si j'habitais rue **Bouffetard** ? »

DÉFINITION	LOCUTION
Ne pas manger	
Manger peu ou en vitesse	
Manger beaucoup, avec appétit	
Manger avec excès	

2 *Un tour de France... gastronomique.*
D'abord, associez chaque spécialité à l'image correspondante...

1 ☐ Plat du Languedoc à base de viande et de haricots blancs, préparé et servi dans une terrine de grès.

2 ☐ Spécialité de l'Est de la France à base de chou blanc coupé en lanières et fermenté, accompagné de charcuterie.

3 ☐ Filets de poisson présentés avec une garniture de crevettes et de moules dans une sauce à la crème.

4 ☐ Soupe marseillaise à base de poissons de roche, servie dans son bouillon sur des tranches de pain grillé.

5 ☐ Morceau de bœuf grillé servi avec des échalotes.

6 ☐ Préparation charentaise à base de moules, cuites avec du vin blanc, des échalotes et du persil haché.

7 ☐ Plat de bœuf mijoté dans la bière et les oignons.

8 ☐ Préparation réalisée avec de la pâte à choux farcie de brochet.

a bouillabaisse

e entrecôte à la bordelaise

b carbonade à la flamande

f moules marinière

c cassoulet

g quenelle lyonnaise

d choucroute

h sole à la normande

...ensuite, écrivez le nom du plat dans la région correcte !

NORD-PAS-DE-CALAIS
□ Lille

□ Amiens

HAUTE-NORMANDIE
PICARDIE

□ Caen
□ Rouen

Châlons-sur-Marne

□ Metz

BASSE-NORMANDIE

Paris
■

LORRAINE

ALSACE

BRETAGNE

ÎLE DE FRANCE

□ Strasbourg

□ Rennes

CHAMPAGNE-ARDENNES

PAYS DE LA LOIRE

Orléans □

□ Nantes

CENTRE

BOURGOGNE

□ Besançon

Dijon □

FRANCHE-COMTÉ

Poitiers
□

POITOU-CHARENTES

□ Limoges

Clermont-Ferrand
□

Lyon □

LIMOUSIN

AUVERGNE

RHÔNE-ALPES

□ Bordeaux

AQUITAINE

LANGUEDOC-ROUSSILLON

PROVENCE-ALPES-CÔTE D'AZUR

Toulouse
□

MIDI-PYRÉNÉES

Montpellier □

Marseille □

CORSE

□ Ajaccio

119

Interaction orale et production écrite **DELF**

Michel et ses amis nous ont présenté d'autres préparations typiques. Lesquelles ?
Parlez-en avec votre camarade et insérez-les dans la carte à la page précédente !

3 *Les faux amis.*
Faites correspondre chaque phrase au dessin.

1 ☐ Déjeuner à la cantine.
2 ☐ Descendre une bouteille à la cave.
3 ☐ Acheter du boudin chez le charcutier.
4 ☐ Préparer un bon flan.
5 ☐ Manger des pâtes à la sauce bolognaise.
6 ☐ Commander du ragoût.
7 ☐ Prendre une assiette plate.
8 ☐ Conseiller un bon plat de poisson grillé.
9 ☐ Demander de la moutarde.
10 ☐ Apporter le moulin à poivre.

4 Onomatopées

En français le coq chante « cocorico »
En allemand « kikeriki »
En italien « chichirichi »
« Côôcôô te moa » en tahitien
Et en anglais
« Cock-a-doodle-doo »
Mais en esquimeau
Le coq ne dit rien
Il dort pendant six mois
Et les six autres mois
Il rêve à ce qu'il aurait pu dire

Miam-miam
Snif-snif
Glouglou
Guili-guili
Les onomatopées
Très souvent vont
Par deux
Sauf patati et patata
Qui marchent chacun
De leur côté

Tchin-tchin
Les verres se touchent
Mais plus encore les cœurs
Les yeux dans les yeux
Brillent
De la même espérance
Pour tous deux
Au moment du
Tchin-tchin

5 Mots à… croquer !

Bon appétit
Quel plaisir
de déguster les mots
les avoir bien en bouche
les mâcher mâchonner mâchouiller
les mordiller les mastiquer
avec une extrême gourmandise
en savourant
les jus de mots.

Mots fruités
Dans « poème »
il y a « peau »
il y a « pomme »
il y a « aime »
il y a la peau des mots
et le fruit qu'on en tire.

Mets et mots

Les mets et les mots
c'est pareil
il faut aller les chercher
les choisir
les éplucher
les couper d'une lame aiguisée
il faut les cuire dans le plaisir
longtemps les laisser mijoter
puis les ôter du feu
les regarder
les humer
et puis les disposer
et les assaisonner
avant de les déguster.

C'est mes oignons

J'ôte la peau des mots
je les épluche
comme des oignons
sauf
qu'ils ne font pas couler de larmes
Encore que...

6 *Comptines.*

Combien faut-il de pommes de terre...

Combien faut-il de pommes de terre
pour faire la soupe à ma grand mère ?
deux !
Un, deux !
Combien faut-il de chocolat
pour le goûter de Nicolas ?
cinq !
Un, deux, trois, quatre, cinq !
Combien faut-il de tartines
pour le déjeuner de Martine ?
etc...

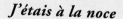

J'étais à la noce

J'étais à la noce du cousin Bobosse
J'étais bien fâché, je n'ai rien mangé
Les radis étaient trop petits
Les haricots étaient trop gros
Le rôti n'était pas cuit
Le fromage tout en nage
Le dessert bien trop cher
Le café n'était pas prêt
Et toi qu'as-tu fait ?
J'étais à la noce du cousin Bobosse
...

J'ai ramassé des champignons

J'ai ramassé des champignons
des blancs des bleus et des oranges
j'ai ramassé des champignons qui poussaient sur le frais gazon.
Des tout petits, des gros, des minces, des tout petits et des géants.
Je les ai mis dans mon panier, les blancs, les bleus et les oranges
je les ai mis dans mon panier et puis je les ai emportés.
Des tout petits, des gros, des minces, des tout petits et des géants
C'est défendu de les manger, les blancs, les bleus, et les oranges
C'est défendu de les manger alors je les ai replantés.
Les tout petits, les gros, les minces, les tout petits et les géants

7 Chansons.

Savez-vous planter les choux ?

Savez vous planter les choux ?
à la mode, à la mode
savez vous planter les choux
à la mode de chez nous ?
On les plante avec la main
à la mode, à la mode,
on les plante avec la main
à la mode de chez nous.
On les plante avec le nez...
On les plante avec le coude...
On les plante avec le g'nou...
On les plante avec le pied...

Chez l'vieux fermier Mac Donald

Chez l'vieux fermier Mac Donald
i aï i aï o
Y a des tas, des tas d'canards
i aï i aï o
Et des couac couac ci, et des couac couac là
Couac ici, couac par là
On n'entend que couac couac
Chez l'vieux fermier Mac Donald
i aï i aï o
Y a des tas, des tas d'abeilles
i aï i aï o
Et des bzzzz bzzzz ci, et des bzzzz bzzzz là
bzzzz ici, bzzzz par là
On n'entend que bzzzz bzzzz
Chez l'vieux fermier Mac Donald
i aï i aï o
Y a des tas, des tas de vaches
i aï i aï o
Et des meuh meuh ci, et des meuh meuh là
meuh ici, meuh par là
On n'entend que meuh meuh
Chez l'vieux fermier Mac Donald
i aï i aï o

Quand on fait des crêpes

Quand on fait des crêpes chez nous
Ma mère vous invite
Quand on fait des crêpes chez nous
Elle vous invite tous !
Une pour toi, une pour moi,
Une pour mon p'tit frère François
Une pour toi, une pour moi,
Une pour tous les trois !

8 Une B.D.

9 *Une histoire.*

Bécassine et les escargots

M. Bogozier aime bien Bécassine. Il veut lui donner l'occasion de rattraper ses dernières bêtises. « Si tu me faisais un petit plat pour moi tout seul, dit-il à Bécassine. Voici des escargots, je vais te montrer comment les cuisiner ! il faut d'abord bien nettoyer les coquilles. Ensuite, tu feras chauffer de l'eau dans la grande marmite et quand elle se mettra à bouillir, tu y jetteras les escargots et tu m'appelleras. C'est bien compris ?
– Bien sûr, monsieur, répond Bécassine, c'est facile ! »
M. Bogozier, qui veut que Bécassine se débrouille toute seule, demande à sa femme de la laisser et sort fumer sa pipe dans la cour. Pendant qu'il discute avec ses clients, il entend Bécassine qui appelle : « Monsieur Bogozier, c'est prêt ». Il se précipite vers la cuisine.
« Voyons voir, dit-il. Cela me paraît bon. Les escargots sont dans l'eau, l'eau bout à gros bouillons... Dis-moi, Bécassine, a-tu bien nettoyé leurs coquilles, comme je te l'avais demandé ?
– Oui, répond Bécassine, j'y ai mis tout mon cœur. Je les ai récurées à la brosse de chiendent, avec du savon noir. À ce moment j'ai vu les petites bêtes qui se cachaient dedans. Je les ai retirées et je les ai données aux poules, qui s'en sont régalées. Ah mais ! J'aurais bien voulu voir ces sales bestioles gâcher les escargots de monsieur !
– De si beaux escargots ! » s'écrie Mme Bogozier complètement catastrophée.
– Mais le patron du Soleil-d'Or éclate une nouvelle fois de rire : « Allons, ce n'est pas si grave ! J'ai bien ri et cela remplace un bon plat d'escargots, croyez-moi ! »

10 *Un texte court.*

Ondes pacifiantes

Le ronron du réfrigérateur. Une espèce de vibration électrique, à priori monocorde et ponctuelle, dont le déclenchement devrait à la rigueur susciter un vague agacement. Mais ce n'est pas du tout ça. Pourquoi le ronron du réfrigérateur fait-il du bien ? D'abord, si on le perçoit vraiment – pas seulement par les oreilles, il pénètre le corps entier –, c'est que la cuisine est suffisamment silencieuse, qu'on a coupé le babil fleuve de la radio. Il monte dans des heures suspendues, des heures de rien, milieu de la matinée, milieu d'après-midi, il joue sur la profondeur du silence, en donne la conscience en l'abolissant – c'est un bruit qui fait du silence.
Tu ne trouves pas qu'il se met en marche de plus en plus souvent, que ça dure bien longtemps ? Il est trop vieux, ce réfrigérateur, il va nous lâcher, il faudrait le changer. On dit ça mais on sait bien en même temps que c'est bon d'avoir un vieux réfrigérateur fatigué qui garde au frais les carottes et les poireaux avec la même docilité qu'une antique fourgonnette au diesel ronfleur mettrait à les apporter au marché à cinquante à l'heure.
Téléviseur, téléphone, et même sonnerie de la porte d'entrée : tous les bruits, toutes les ondes domestiques agressent, traversent, bousculent. Le ronron du réfrigérateur au contraire émet des ondes pacifiantes, qui font chanter le gondolier sur la boîte de biscuits, donnent une consistance plus moelleuse aux madeleines sous leur cellophane. L'eau qui bout devient vivante à l'heure du café, le chuintement de la soupe réchauffe à l'avance. Mais l'âme sonore de la cuisine, c'est le ronron du réfrigérateur.

Philippe Delerm, *Enregistrements pirates*

Bouillon du petit jour

Les immeubles se reflètent dans la vitrine de la brasserie. On voudrait qu'il fasse plus froid encore pour donner tout leur prix à ces volutes blanches peintes sur le verre, à ce poêlon de terre cuite prometteur de rondeurs brûlantes, à ces lettres surtout : *soupe à l'oignon.*
Une telle emphase dans la publicité ne peut pas désigner une simple spécialité, à préférer

au saucisson chaud-pommes à l'huile ou au petit salé-lentilles. Non, c'est à l'évidence un art de vivre qui vous est proposé là, en avance sur le destin.
Un jour vous aurez envie d'une vraie soupe à l'oignon. Très tard, sans doute, après une longue soirée d'errance, une histoire d'amour qui se prend un coup de blues avec la fatigue, un frisson le long du dos, ce n'est rien, juste un peu froid. La brasserie est-elle vraiment ouverte aux petites heures du jour ? On n'ose entrer pour poser la question, mais c'est sûrement ainsi qu'il faut déchiffrer cette voyante enluminure. Cela doit faire partie des rites qu'il ne faut pas interroger, au risque de se voir rabrouer, réduire au rôle infamant de béotien. Rien ne ferme jamais comme l'on croit, à l'idée de plaisir succède programmée la suite du plaisir, les fêtes et les défaites s'enchaînent, s'épuisent et l'aube peut tout dissoudre ou ranimer. On flotte, on ne comprend rien. Seul le patron de la brasserie est au courant. Un petit matin vous attend. Une soupe à l'oignon.

Glossaire

Terme	Définition
Arroser	verser un peu de liquide sur un aliment pendant sa cuisson.
Bar	poisson appelé *loup de mer* en Méditerranée.
Baudroie	poisson appelé *lotte de mer* en Méditerranée.
Blanchir	plonger des aliments (par exemple des légumes) pendant quelques instants dans l'eau bouillante.
Bouffe	nourriture.
Chiffonnade	salade coupée en fines lanières.
Ciselé	coupé en fragments avec des ciseaux.
Clovisse	nom donné dans le Sud de la France à la *palourde*.
Crème fleurette	première crème qui se forme au-dessus du lait.
Économat	service chargé de l'administration et des dépenses dans un restaurant.
Essorer	débarrasser quelque chose du liquide qu'elle contient.
Fouetter	battre rapidement.
Garniture	légumes qui accompagnent un plat de poisson ou de viande.
Lotte de mer	nom donné en Méditerranée à la *baudroie*.
Loup de mer	nom donné en Méditerranée au *bar*, à cause de sa voracité.
Palourde	mollusque bivalve, appelé *clovisse* dans le Sud de la France.
Plonge (faire la)	le lavage de la vaisselle dans un restaurant ou un café.
Poivre et sel	cheveux bruns mêlés de blancs.
Sucre de canne roux	sucre de canne non raffiné.
Tôle du four	plaque du four.
Torchon	morceau de toile, utilisé pour essuyer la vaisselle ou pour y déposer la pâte à pain pour la faire lever.
Viennoiseries	ensemble de produits fins de boulangerie : croissants, petits pains au chocolat…
Vinaigrette	sauce froide, réalisée avec de l'huile, du vinaigre et du sel, qui sert à assaisonner la salade.
Zinc	comptoir de café.

Tiziana Cignatta

Rue Mouffetard

Le français de l'alimentation et de la restauration

Lexique multilingue

Français	Italien	Anglais	Allemand	Espagnol
abricot (m.)	albicocca	apricot	Aprikose	albaricoque
acheter	comprare	to buy	kaufen / einkaufen	comprar
additionner	addizionare	to add	dazugeben	añadir
agneau (m.)	agnello	lamb	Lamm	cordero
agrume (m.)	agrume	citrus fruit	Zitrusfrucht	cítrico
ail (m.)	aglio	garlic	Knoblauch	ajo
ajouter	aggiungere	to add	dazugeben	añadir
alcool (m.)	alcol	alcohol	Alkohol	alcohol
amande (f.)	mandorla	almond	Mandel	almendra
ananas (m.)	ananas	pineapple	Ananas	piña
anchois (m.)	acciuga	anchovy	Anchovis / Sardelle	anchoa
aneth (m.)	aneto	dill	Dill	eneldo
anguille (f.)	anguilla	eel	Aal	anguila
anis (m.)	anice	aniseed	Anis	anís
anis (m.) étoilé	anice stellato	star anise	Sternanis	anís estrellado
anis (m.) vert	anice verde	green anise	Anis	anís verde
apéritif (m.)	aperitivo	aperitif	Aperitif	aperitivo
arachide (f.) / (cacahuète) (f.)	arachide	peanut	Erdnuss	cacahuete
araignée (f.)	schiumarola da pesce	skimmer	Siebkelle	araña
araignée (f.) de mer	granseola	spider-crab	Seespinne	centollo
arak (m.)	arak	arrack	Arrak	arac
arête (f.)	lisca	fish bone	Gräte	espina
armagnac (m.)	armagnac	Armagnac	Armagnac	armañac
arôme (m.)	aroma	aroma	Aroma / Duft	aroma
artichaut (m.)	carciofo	artichoke	Artischocke	alcachofa
asperge (f.)	asparago	asparagus	Spargel	espárrago
assaisonner	condire	to season	abschmecken / würzen / aromatisieren	condimentar
assiette (f.) à entremets	piatto per dolci al cucchiaio	dessert plate	Dessertteller / Süßspeiseteller	plato de postre
assiette (f.) à pain	piattino per il pane	side plate	Brotteller	platito de pan
assiette (f.) à salade creuse	piattino fondo per insalata	salad plate	tiefer Salatteller	plato hondo de ensalada
assiette (f.) creuse	piatto fondo	soup / pasta dish	tiefer Teller / Suppenteller	plato sopero (hondo)
assiette (f.) de mise en place	piatto segnaposto	charger / service plate	Unterteller	plato que indica el sitio de los huéspedes en la mesa

Français	Italien	Anglais	Allemand	Espagnol
assiette (f.) ovale	piatto ovale	oval plate	ovaler Teller	plato oval
assiette (f.) plate	piatto piano	dinner plate	flacher Teller	plato llano
aubergine (f.)	melanzana	aubergine	Aubergine	berenjena
automne (m.)	autunno	autumn	Herbst	otoño
avocat (m.)	avocado	avocado	Avocado	aguacate
baba (m.) au rhum	babà al rum	rum baba	Hefeteiggebäck mit Rum	bizcocho borracho de ron
badigeonner	spennellare	to coat (with a brush)	bestreichen	pincelar
baguette (f.)	baguette	baguette	Stangenweißbrot	barra
balance (f.)	bilancia	scales	Waage	balanza
banane (f.)	banana	banana	Banane	plátano
banquet (m.)	banchetto	banquet	Bankett	banquete
bar (m.)	branzino	sea bass	Seebarsch / Wolfsbarsch	róbalo
barbecue (m.)	barbecue	barbecue	Barbecue / Gartengrill	barbacoa
baril (m.)	barile	barrel	Fass	barril
barre (f.) de céréales	barretta ai cereali	muesli bar	Müsliriegel	barrita de cereales
barre (f.) de chocolat	barretta di cioccolato	chocolate bar	Schokoladenriegel	barrita de chocolate
barrique (f.)	botte	barrel / barrique	Fass	cuba
barmaid (f.)	barista	barmaid	Bardame / Barfrau	camarera
barman (m.)	barista / barman	barman	Barmann	barman
basilic (m.)	basilico	basil	Basilikum	albahaca
bassine (f.)	bacinella	basin	offener Kochtopf / Kessel	bacía
batte (f.) à côtelettes	mazzetta batticarne	meat tenderizer	Fleischklopfer	mazo para machacar la chuleta
baudroie (f.)	rana pescatrice	angler fish / monkfish	Seeteufel	pejesapo
bavarois (m.) au chocolat	bavarese al cioccolato	chocolate bavarois	Gebäck mit bayrischer Creme	crema bávara de chocolate
bécasse (f.)	beccaccia	woodcock	Schnepfe	becada
bénédictine (f.)	bénédictine	Benedictine	Benediktiner	bénédictine
bette (f.) / blette (f.)	bietola	swiss chard	Mangold	acelga
betterave (f.) rouge	barbabietola	beetroot	rote Bete / rote Rübe	remolacha
beurre (m.)	burro	butter	Butter	mantequilla
beurrer	imburrare	to butter	mit Butter bestreichen / buttern	untar con mantequilla

Français	Italien	Anglais	Allemand	Espagnol
biche (f.)	cerbiatta	deer	Hirschkuh	cervata
bière (f.)	birra	beer	Bier	cerveza
bigorneau (m.)	lumachina di mare	whelk	Meeresschnecke	caracolas de mar
biscotte (f.)	fetta biscottata	rusk	Zwieback	pan bizcocho
biscuit (m.)	biscotto	biscuit	Gebäck	galleta
bistrot (m.)	bistrot	bistro	Bistrot	bistró
bistrot (m.) à vins	vino e cucina	bistro / wine bar	Weinbistrot	bistró con vino
bitter (m.)	amaro	bitters	Magenbitter	licor amargo
blette (f.) / bette (f.)	bietola	Swiss chard	Mangold	acelga
bœuf (m.)	manzo	beef	Rind / Ochse / Rindfleisch	vaca
boisson (f.)	bevanda	drink	Getränk	bebida
bol (m.)	scodella	bowl	Schale / Napf	escudilla
bonbon (m.)	caramella	sweet / candy	Bonbon	caramelo
boucher (m.)	macellaio	butcher	Metzger	carnicero
boudin (m.) noir	sanguinaccio	smooth sausage made with blood	Blutwurst	morcilla
bougeoir (m.)	piccolo candeliere / bugia	candlestick	Kerzenhalter	palmatoria
bougie (f.)	candela	candle	Kerze	vela
bouillir	bollire	to boil	abkochen/kochen/ sieden	hervir
boulanger (m.)	panettiere	baker	Bäcker	panadero
bouquet (m.)	bouquet	bouquet / fragrance	Bukett	perfume
bouquet (m.) garni	odori	bouquet garni	Kräutersträußchen/ Gewürzsträußchen	hierbas aromáticas
bourrache (f.)	borragine	borage	Borretsch	borraja
bouteille (f.)	bottiglia	bottle	Flasche	botella
braiser	brasare	to braise	schmoren	brasear
braisière (f.)	stufaiola	stockpot	Schmortopf	cacerola para estofar
branche (f.)	ramo / costa	branch	Zweig	rama
brasserie (f.)	brasserie	brasserie	Bierkneipe	brasserie
bretzel (m.)	bretzel	bretzel	Bretzel	bretzel
brigade (f.) de cuisine	brigata di cucina	kitchen staff	Küchenbrigade / Küchenpersonal	brigada de cocina
brigade (f.) de restaurant	brigata di sala	serving staff	Servicepersonal	brigada de restaurante
brin (m.)	pizzico	pinch	Halm / Stängel	pizca
brioche (f.) nattée	brioche a treccia	plaited brioche	Brotzopf	cruasán en trenza
broche (f.)	spiedo	spit / skewer	Bratspieß / Spieß	asador
brochet (m.)	luccio	pike	Hecht	lucio

Français	Italien	Anglais	Allemand	Espagnol
brochette (f.)	spiedino	kebab / brochette	Spießchen	broqueta
brocoli (m.)	broccolo	broccoli	Brokkoli	brécol
brugnon (m.) / nectarine (f.)	pesca noce	nectarine	Nektarine	alberchiga / briñone
buffet (m.)	buffet	buffet	Büfett	bufé
bulbe (m.)	bulbo	bulb	Knolle	bulbo
bulot (m.)	buccina	conch	Wellhornschecke	caracola
cabillaud (m.)	merluzzo	cod	Kabeljau	merluza
cacahuète (f.) arachide (f.)	arachide	peanut	Erdnuss	cacahuete
café (m.)	bar / caffè	bar / café	Café	café
café (m.)	caffè	coffee	Kaffee	café
café (m.) américain	caffè all'americana	coffee filter	schwacher Kaffee	café americano
café (m.) au lait	caffelatte	coffee with milk	Kaffee mit Milch	café con leche
café (m.) crème	caffè macchiato	coffee with a dash of milk	Kaffee mit wenig Milch	cortado
café (m.) décaféiné	caffè decaffeinato	decaffeinated coffee	koffeinfreier Kaffee	café descafeinado
café (m.) expresso	caffè espresso	espresso coffee	Espresso	exprés
café (m.) noir	caffè nero	black coffee	schwarzer Kaffee	café solo
cafétéria (f.)	self-service	cafeteria	Kaffeehaus	cafetería
cafetière (f.)	caffettiera	coffee pot	Kaffeekanne	cafetera
caille (f.)	quaglia	quail	Wachtel	codorniz
calmar (m.)	calamaro	squid	Kalmar	calamar
calvados (m.)	calvados	calvados	Calvados	calvados
canard (m.)	anatra	duck	Ente	pato
canard (m.) sauvage	anatra selvatica	wild duck	Wildente / Flugente	pato salvaje
canette (f.)	anatroccola	duckling	Jungente	patito
canette (f.)	lattina	tin	Dose	lata
canneleur (m.)	rigalimoni	lemon scorer	Kaneliermesser / Zestenreisser	cuchillo para cortar limones
cannelle (f.)	cannella	cinnamon	Zimt	canela
cantine (f.)	mensa	canteen	Mensa	comedor
carafe (f.) à vin	caraffa per vino	carafe / decanter	Karaffe	jarra
carambole (f.)	carambola	carambola	Karambole	carambolo
cardamome (f.)	cardamomo	cardamom	Kardamom	cardamomo
carotte (f.)	carota	carrot	Karotte / Möhre / gelbe Rübe	zanahoria
carpaccio (m.)	carpaccio	carpaccio	Carpaccio	carpaccio
carpe (f.)	carpa	carp	Karpfen	carpa
carte (f.)	lista / carta	à la carte menu	Menü à la carte / Speisekarte	menú

Français	Italien	Anglais	Allemand	Espagnol
casse-croûte (m.)	spuntino	snack	Imbiss	tentempié
casse-noix (m.)	schiaccianoci	nutcracker	Nussknacker	rompenueces
casser (les noix)	rompere	to crack	Nüsse knacken	romper
casserole (f.)	casseruola	saucepan	Kasserolle / Topf	cazuela
cassis (m.)	ribes nero	blackcurrant / cassis	schwarze Johannisbeere	grosella negra
cave (f.)	cantina	wine-cellar	Keller / Weinvorrat	bodega
caviste (m.)	cantiniere	cellar manager / cellarman	Kellerverwalter	bodeguero
cédrat (m.)	cedro	citron	Zitronatzitrone	cidra
céleri (m.) branche	sedano costa	celery	Stangensellerie / Staudensellerie	apio de tallo
céleri-rave (m.)	sedano rapa	celeriac	Sellerieknolle	apio de raíz
cépage (m.)	vitigno	vine	Rebsorte	cepa
cèpe (m.)	porcino	porcini mushroom / cep	Steinpilz	porcino
céréale (f.)	cereale	cereal	Getreideart	cereal
cerf (m.)	cervo	deer	Hirsch	ciervo
cerfeuil (m.)	cerfoglio	chervil	Kerbel	perifollo
cerise (f.)	ciliegia	cherry	Kirsche	cereza
cerneau (m.)	gheriglio	kernel	Wallnusshälfte	pierna de nuez
chaise (f.)	sedia	chair	Stuhl	silla
chambrer	portare a temperatura ambiente	to bring to room temperature	temperieren	llevar a temperatura ambiente
champignon (m.)	fungo	mushroom	Pilz	seta / hongo
champignon (m.) de Paris	fungo coltivato	champignon	Champignon	champiñón
chapelure (f.)	pangrattato	breadcrumbs	Paniermehl / Semmelbrösel	pan rallado
chapon (m.)	cappone	capon	Kapaun	capón
charcuterie (f.)	salumi	charcuterie	Wurstwaren / Wurst	embutidos
charcutier (m.)	salumiere	grocer	Wurstwarenhändler	charcutero
charlotte (f.)	charlotte	charlotte	Charlotte	carlota
chartreuse (f.)	chartreuse	chartreuse	Chartreuse	chartreuse
châtaigne (f.)	castagna	chestnut	Esskastanie	castaña
chaud	caldo	warm	warm / heiß	caliente
chef (m.) communard	chef communard	chef communard	Personalkoch	chef communard
chef (m.) de carré	chef de carré	chef de carré	Chef de Carré	chef de carré
chef (m.) de cuisine	chef	head chef	Küchenchef	jefe de cocina
chef (m.) de partie	chef de partie / capopartita	chef de partie	Chef de Partie	chef de partie

Français	Italien	Anglais	Allemand	Espagnol
chef (m.) de rang	chef de rang	chef de rang	Oberkellner / Abteilungskellner	chef de rang
chef (m.) entremetier	chef entremetier	vegetable cook	Entremetier	chef entremetier
chef (m.) garde-manger	chef garde-manger	larder cook	Garde-manger	chef garde-manger
chef (m.) pâtissier	chef pâtissier / capo pasticciere	pastry cook	Pâtissier	jefe repostero
chef (m.) poissonnier	chef poissonnier	fish cook	Poissonnier / Fischkoch	chef poissonnier
chef (m.) rôtisseur	chef rôtisseur	roast cook	Rôtisseur	chef rôtisseur
chef (m.) saucier	chef saucier	sauce cook	Saucier	chef saucier
chef (m.) tournant	chef tournant	relief cook	Springer	chef tournant
cheval (m.)	cavallo	horse	Pferd	caballo
chèvre (f.)	capra	goat	Ziege	cabra
chevreuil (m.)	capriolo	venison	Reh / Rehfleisch	corzo
chicorée (f.) frisée	indivia riccia	curly endive	Endivie	escarola
chicorée (f.) trévise	radicchio di Treviso	radicchio	Radicchio	achicoria roja
chinois (m.)	colino conico	strainer	Chinois	colador
chocolat (m.)	cioccolato	chocolate	Schokolade	chocolate
chocolat (m.) chaud	cioccolata calda	hot chocolate	Trinkschokolade	chocolada
chou (m.)	cavolo	cabbage	Kohl / Windbeutel	col
chou (m.) de Bruxelles	cavolino di Bruxelles	Brussels sprout	Rosenkohl	cole de Bruselas
chou-fleur (m.)	cavolfiore	cauliflower	Blumenkohl	coliflore
ciboulette (f.)	erba cipollina	chives	Schnittlauch	cebollana
cidre (m.)	sidro	cider	Apfelwein	sidra (vino de manzanas)
ciseaux / cisailles (m. pl.) à volaille(s)	trinciapollo	poultry shears	Schere / Geflügelschere	tijeras para trinchar aves
citron (m.)	limone	lemon	Zitrone	limón
citrouille (f.)	zucca	pumpkin	Kürbis	calabaza
clafoutis (m.)	clafoutis	clafoutis	süßer Auflauf	clafoutis
clémentine (f.)	clementina	clementine	Clementine	clementina
cloche (f.) à fromage	copriformaggio	cheese dome	Käseglocke	alambrera
clou (m.) de girofle	chiodo di garofano	clove	Gewürznelke	clavos de clavero
clovisse (f.)	vongola	clam	Venusmuschel	almeja
coca-cola (m.)	coca cola	coca-cola	Coca-Cola	coca cola
cocktail (m.)	cocktail	cocktail	Cocktail	cóctel
cocktail (m.) de fruits tropicaux	cocktail ai frutti tropicali	tropical fruit cocktail	Tropenfrüchte Cocktail	cóctel tropical

Français	Italien	Anglais	Allemand	Espagnol
cocotte (f.) en fonte	cocotte di ghisa	cast iron / casserole dish	Kochtopf / Schmortopf	cazuela de hierro
cognac (m.)	cognac	cognac	Cognac	coñác
coing (m.)	mela cotogna	quince	Quitte	membrillo
collation (f.)	spuntino	snack	Imbiss	tentempié
commande (f.)	comanda	order	Bestellung	orden
commis (m.) de cuisine	commis	assistant cook	Küchengehilfe	encargado de la cocina
commis (m.) de restaurant	commis	commis de rang	Commis de Rang	encargado del restaurante
compote (f.)	composta	(fruit) compote	Kompott / Mus	compota
compotier (m.)	compostiera	fruit bowl	Kompottschale	compotera
comptoir (m.)	banco del bar	bar counter	Theke	barra
concombre (m.)	cetriolo	cucumber	Gurke	pepino
condiment (m.)	condimento	dressing	Gewürz / Würze / Würzmittel	condimento
confiserie (f.)	dolciumi	confectionary	Süßigkeit	dulces
confiture (f.)	marmellata	jam	Konfitüre	mermelada
congre (m.)	grongo	conger eel	Meeraal	congrio
copeau (m.)	scaglia	sliver	Span	brizna
coq (m.)	gallo	rooster	Hahn	gallo
coque (f.)	cuore di mare	cockle	Herzmuschel	berberecho
coquetier (m.)	portauovo	egg-cup	Eierbecher	huevera
coquille (f.) Saint-Jacques	capasanta	scallop	Jakobsmuschel	concha de peregrino
corbeille (f.) à fruits	cestino da frutta	fruit basket	Obstkorb	cesta para la fruta
corbeille (f.) à pain	cestino da pane	bread basket	Brotkorb	nasa
coriandre (m.)	coriandolo	coriander	Koriander	cilantro
cornichon (m.)	cetriolino	gherkin	Cornichon / kleine Gewürzgurken	pepinillo
corsé	corposo	full-bodied	kräftig	denso
coulis (m.)	salsa / coulis	sauce / coulis	Soße	salsa
coupe (f.) à glace	coppa da gelato	sundae	Eisbecher	copa
coupelle (f.)	ciotola piccola	small bowl	Schüsselchen	escudilla pequeña
coupe-pâte (m.)	tagliapasta	past cutter	Teigschaber	carretilla
couper	tagliare	to cut	schneiden	cortar
courge (f.)	zucca	pumpkin	Kürbis	calabaza
courgette (f.)	zucchino	courgette	Zucchini	calabacín
courses (f. pl.)	compere	compere	Einkäufe	compra
court-bouillon (m.)	court-bouillon	court-bouillon	Fischsud	court-bouillon

Français	Italien	Anglais	Allemand	Espagnol
couteau (m.) à agrumes	coltello da bar	citrus knife	Zitrusmesser	cuchillo de bar
couteau (m.) à battre	coltello da macellaio	meat knife	Platiermesser	cuchillo de carnicero
couteau (m.) à désosser	coltello per disossare / scalcare	boning knife	Ausbeinmesser	cuchillo para deshuesar
couteau (m.) à dessert	coltello piccolo	dessert knife	Dessertmesser	cuchillo de postre
couteau (m.) à fromage	coltello da formaggio	cheese knife	Käsemesser	cuchillo de queso
couteau (m.) à huîtres	coltello da ostriche	oyster knife	Austernmesser	cuchillo para ostras
couteau (m.) à poisson	coltello da pesce	fish knife	Fischmesser	cuchillo para pescado
couteau (m.) de cuisine	coltello da cucina	kitchen knife	Küchenmesser	cuchillo de cocina
couteau (m.) de table	coltello grande	large knife	Essmesser	cuchillo grande
couteau-éminceur (m.)	coltello affettatore	paring knife	Gemüsemesser	cuchillo rebanador
couteau-éplucheur (m.)	pelapatate	potato peeler	Schälmesser	pelapatatas
couteau-scie (m.)	coltello seghettato	serrated edge	Sägemesser	cuchillo dentado
couvert (mettre le)	apparecchiare	to set / lay the table	den Tisch decken	poner la mesa
couverts (m. pl.)	posate	cutlery / silverware	Besteck	cubiertos
crabe (m.)	granchio	crab	Meereskrebs	cangrejo
cracker (m.)	cracker	cracker	Cracker	galleta salada
crème (f.) fraîche	panna da cucina	crème fraiche	Crème fraîche / Kochsahne	nata para cocinar
crémier (m.)	lattaio	milkman	Milchhändler	lechero
crêpe (f.)	crespella / crêpe	crêpe	dünner Eierkuchen / Crepe	crepe
crêpière (f.)	padella da crêpe	crêpe pan	Pfanne für Crepezubereitung	sartén para crepes
cresson (m.)	crescione	cress	Kresse	berro
crevette (f.)	gamberetto	shrimp / prawn	Krabbe / Garnele	camarón
croissant (m.)	cornetto	croissant	Hörnchen	cruasán
croque-madame (m.)	toast con prosciutto, formaggio e uovo	croque-madame (ham, cheese and egg toast)	mit Käse überbackener Schinkentoast mit Spiegelei	emparedado con jamón, queso y huevo
crustacé (m.)	crostaceo	shell fish	Krustentier	crustáceos
cuillère (f.) à café	cucchiaino da caffè	coffee spoon	Kaffeelöffel	cucharilla de café

Français	Italien	Anglais	Allemand	Espagnol
cuillère (f.) à dessert	cucchiaio piccolo	dessert spoon	kleiner Löffel	cuchara de postre
cuillère (f.) à mélange	cucchiaio miscelatore / stirrer	stirrer	Stirer	cuchara mezcladora
cuillère (f.) à moka	cucchiaino da moka	mokka spoon	Mokkalöffel	cucharilla de moka
cuillère (f.) de table	cucchiaio grande	table spoon	Esslöffel	cuchara grande
cuillère (f.) en bois	cucchiaio di legno	wooden spoon	Holzkochlöffel	cuchara de madera
cuire	cuocere	to cook	kochen / garen	cocer
cuire au four	cuocere al forno	to bake	backen	hornear
cuisine (f.)	cucina	kitchen	Küche	cocina
cuisson (f.)	cottura	cooking	Kochen / Garen	cocción
cumin (m.)	cumino	cumin seeds	Kümmel	comino
curaçao (m.)	curaçao	Curacao	Curaçao	curasao
curcuma (m.)	curcuma	turmeric	Gelbwurz / Kurkuma	cúrcuma
curry (m.)	curry	curry	Curry	curry
daim (m.)	daino	fallow dear	Damhirsch / Damwild	gamo
dame-jeanne (f.)	damigiana	demijohn	Korbflasche	damajuana
datte (f.)	dattero	date	Dattel	dátile
débarrasser	sbarazzare	to clear the table	abräumen	retirar la mesa
décanter	decantare	to decant	abklären	decantar
décortiquer	sgusciare	to shell	entschalen	descascarar
découper	tagliare	to cut	in Scheiben schneiden	cortar
défourner	sfornare	to take out of the oven	herausnehmen	deshornar
déguster	degustare	to taste	kosten / probieren / verkosten	degustar
déjeuner (m.)	colazione / pranzo	lunch	Mittagessen	almuerzo
déjeuner	pranzare	to have lunch	zu Mittag essen	almorzar
délayer	diluire / stemperare	to dilute	anrühren / lösen	diluir
démouler	sformare	to turn out	stürzen / aus der Form nehmen	desmoldar
dénoyauteur (m.)	levanoccioli	fruit stoner	Entkerner	deshuesador
dentex (m.)	dentice	dentex	Zahnbrasse	dentón
désosser	disossare	to bone	ausbeinen / auslösen / Knochen lösen	deshuesar
dessaler	dissalare	to desalt	entsalzen	desalar
dessert (m.)	dolce / dessert	dessert	Dessert/Nachspeise/ Nachtisch	dulce

Français	Italien	Anglais	Allemand	Espagnol
détailler	tagliare	to cut	zerlegen / tranchieren	cortar
dinde (f.)	tacchina	turkey-hen	Pute / Truthenne	pava
dindon (m.)	tacchino	turkey	Puter / Truthahn	pavo
dîner (m.)	cena	dinner	Abendessen	cena
dîner	cenare	to dine	zu Abend essen	cenar
dînette (f.)	cenetta leggera	Supper	kleines Abendessen	cena ligera
diplomate (m.)	diplomatico	diplomate (cream pudding)	Diplomatenpudding	pudin diplomático
domaine (m.)	tenuta / vigneto	vineyard	Weingut	hacienda / viñedo
dorade (f.)	orata	gilthead / sea bream	Dorade / Goldbrasse	dorada
dorer	dorare	to brown	mit Eigelb bestreichen / goldgelb anbräunen	soasar
eau (f.)	acqua	water	Wasser	agua
eau-de-vie (f.)	acquavite	eau-de-vie	Trinkalkohol	aguardiente
eau (f.) minérale	acqua minerale	mineral water	Mineralwasser	agua mineral
ébarber	tagliare le pinne	to remove the fins	Flossen schneiden	cortar las aletas
écailler	squamare	to descale	entschuppen	escamar
échalote (f.)	scalogno	shallot	Schalotte / Schalottenzwiebel	escalaia / chalote
éclair (m.) au chocolat	éclair al cioccolato	chocolate éclair	Eclair mit Schokolade-Füllung	eclair de chocolate
économe (m.)	pelapatate	potato peeler	Sparschäler	pelapatatas
écosser	sgranare	to shell	enthülsen	desgranar
écumer	schiumare	to skim	entschäumen / abschöpfen	espumar
écumoire (f.)	schiumarola	skimmer	Schaumlöffel	espumadera
égoutter	scolare / sgocciolare	to drain	abtropfen	escurrir
embrocher	infilzare nello spiedo	to put on the spit	aufspießen	espetar
émietter	sbriciolare	to crumble	krümeln / zerbröseln	desmigajar
émincer	tagliare a fette	to cut into thin slices	dünn schneiden / schnetzeln	rebanar sutilmente
emporte-pièces (m.)	stampino	small mould	Ausstecher / Ausstecherform	molde
endive (f.)	indivia belga	chicory	Chicoree	endivia de Bruselas
enfournement (m.)	infornata	batch	Einschieben	hornada
enfourner	infornare	to put into the oven	in den Backofen schieben	enhornar

Français	Italien	Anglais	Allemand	Espagnol
enlever	togliere	to remove	entfernen / entziehen / wegnehmen	quitar
enrober	ricoprire / avvolgere	to cover	wickeln / umhüllen / überziehen	cubrir / envolver
entonnoir (m.) à vin	imbuto da vino	funnel	Trichter	embudo
entrée (f.)	primo piatto	first course	erster Gang / Zwischengericht	primer plato
entremets (m.)	dolce al cucchiaio	dessert	Süßspeise	postre
entretenir	provvedere alla manutenzione	to service	instand halten	mantener
épépiner	togliere i semi	to deseed	entkernen	sacar los semillos
épice (f.)	spezia	spice	Gewürz / Würze	especia
épicé	speziato	spiced	gewürzt / pikant	especiado
épinard (m.)	spinacio	spinach	Spinat	espinaca
éplucher	sbucciare	to peel	schälen / putzen	pelar
éponger	asciugare	to sponge	abbürsten	enjugar
équeuter	staccare il picciolo	to remove the stalk	entstielen	despegar el pecíolo
équilibré	equilibrato	well balanced	ausgeglichen	equilibrado
escargot (m.)	lumaca	snail	Schnecke / Weinbergschnecke	caracol
espadon (m.)	pesce spada	swordfish	Schwertfisch	pez espada
essoreuse (f.) à salade	centrifuga per insalata	salad spinner	Salatschleuder	centrifugadora para la ensalada
estragon (m.)	dragoncello	tarragon	Estragon	estragón
esturgeon (m.)	storione	sturgeon	Stör	esturión
été (m.)	estate	summer	Sommer	verano
étendre	stendere	to roll out	verteilen / ausbreiten	extender
façonnage (m.)	forma	form	Form	forma
façonner	dare forma	to form	formen / aufarbeiten	formar
faisan (m.)	fagiano	pheasant	Fasan	faisán
farine (f.)	farina	flour	Mehl	harina
fariner	infarinare	to flour / to dredge with flour	mit Mehl bestreuen	enharinar
fenouil (m.)	finocchio	fennel	Fenchel	hinojo
fermentation (f.)	fermentazione	fermentation	Gärung / Aufgehen	fermentación
festin (m.)	festino / convito	banquet	Festessen	festín
feuille (f.)	foglia	leaf	Blatt	hoja
fève (f.) fraîche	fava fresca	broad bean	dicke Bohne	haba
fève (f.) sèche	fava secca	dried broad bean	getrocknete Bohne	haba seca

Français	Italien	Anglais	Allemand	Espagnol
ficelle (f.)	filoncino	ficelle / small French loaf	kleines Stangenweißbrot	colín
figue (f.)	fico	fig	Feige	higo
figue (f.) de Barbarie	fico d'India	prickly pear	Kaktusfeige	higo chumbo
fileter	sfilettare	to filet	filetieren / filieren	cortar en filetes
fines herbes (f. pl.)	erbe aromatiche	aromatic herbs	feine Kräuter	hierbas aromáticas
flamber	fiammeggiare	to flambé	flambieren	flambear
flan (m.)	budino	pudding	Pudding / Sturzcreme	pudin
flétan (m.)	ippoglosso	halibut	Heilbutt	halibut
flûte (f.) à champagne	flûte	champagne glass	Sektglas	copa para champán
fondue (f.) savoyarde	fonduta di formaggio	cheese fondue	Käsefondue	queso fundido
fouet (m.)	frusta	whisk	Quirl / Schneebesen	varilla
fouet (m.) à blanc	frusta	whisk	Schneebesen	varilla
fougasse (f.) provençale	focaccia provenzale	focaccia	Fladenbrot	hozaga
four (m.)	forno	oven	Backofen / Backröhre	horno
fourchette (f.) à dessert	forchetta piccola	dessert fork	Dessertgabel	tenedor para postre
fourchette (f.) à poisson	forchetta da pesce	Fish fork	Fischgabel	tenedor para pescado
fourchette (f.) à rôti	forchetta per arrosti	carving fork	Fleischgabel	tenedor para asado
fourchette (f.) de table	forchetta grande	fork	Essgabel	tenedor
fournée (f.)	infornata	batch	Einschieben	hornada
frais	fresco	cool	frisch / kühl	frío
fraise (f.)	fragola	strawberry	Erdbeere	fresa
fraise (f.) des bois	fragolina di bosco	wild strawberry	Walderdbeere	fresa silvestra
framboise (f.)	lampone	raspberry	Himbeere	frambuesa
frapper	mettere in ghiaccio	to freeze	kühlen / kalt stellen / abschrecken	helar
froid	freddo	cold	kalt	frío
fromage (m.)	formaggio	cheese	Käse	queso
fromager (m.)	formaggiaio	cheese monger	Käsehändler	quesero
fromagère (f.)	formaggera	parmesan-cheese dish	Käsedose	quesera
fruit (m.)	frutto	fruit	Frucht / Obst	fruita

Français	Italien	Anglais	Allemand	Anglais
fruit (m.) confit	frutto candito	candied fruit	Belegfrucht	fruta confitade
fruit (m.) de la passion	frutto della passione	passion-fruit	Passionsfrucht	granadilla
fruit (m.) de mer	frutto di mare	seafood	Meeresfrucht	marisco
fruits (m. pl.) à noyaux	frutta con il nocciolo	stone fruits	Steinobst	fruta con cuesco
fruits (m. pl.) à pépins	frutta con i semi	core fruits	Kernobst	fruta con semillos
fruits (m. pl.) exotiques	frutta esotica	exotic fruits	exotische Früchte	fruta exótica
fruits (m. pl.) rouges	frutti di bosco	wild berries	Beerenobst / Waldbeeren	frutas silvestres
fruits (m. pl.) secs	frutta secca	dried fruit	Trockenfrüchte	fruta seca
fruité	fruttato	fruity	fruchtig	frutoso
fumet (m.)	fumetto	fumet	Fischfond	jugo de cocción
galette (f.)	galletta	pancake	Zwieback	galleta
garçon (m.) de café	cameriere	waiter	Kellner	camarero
garçon (m.) de comptoir	cameriere al banco	waiter / barman	Barmann	barman
garniture (f.)	contorno	vegetables / side dish	Beilage	guarnición
gâteau (m.)	dolce / torta	cake / dessert	Kuchen / Torte	dulce
génépi (m.)	genepì	genepy liqueur	Beifuß	licor de artemisia
gazeux / gazeuse	gasato / gasata	fizzy	mit Kohlensäure	gaseoso(a)
genièvre (m.)	ginepro	juniper	Wacholder	enebro
gibier (m.)	selvaggina	game	Wild / Wildbret	caza
gibier (m.) à plumes	cacciagione con la piuma	game birds	Federwild	caza de pluma
gibier (m.) à poil	cacciagione con il pelo	venison	Haarwild	caza de pelo
gentiane (f.)	genziana	gentian	Enzian	genciana
gin (m.)	gin	gin	Gin	ginebra
gingembre (m.)	zenzero	ginger	Ingwer	jengibre
glace (f.)	gelato	ice cream	Eis	helado
gousse (f.) d'ail	spicchio d'aglio	garlic clove	Knoblauchzehe	diente de ajo
goût (m.)	gusto	taste	Geschmack / Geschmacksnote	sabor / gusto
goûter (m.)	merenda	afternoon snack	Nachmittagsmahlzeit / Vesper	merienda
grain (m.) de moutarde	grano di senape	mustard seed	Senfkorn	mostaza en grano
grain (m.) de poivre	grano di pepe	pepper corn	Pfefferkorn	grano de pimienta

Français	Italien	Anglais	Allemand	Espagnol
grain (m.) de raisin	acino / chicco	grape	Traubenbeere	grano de uva
graines (f. pl.)	semi oleosi	beans	Kerne / Samen	alubias
grappe (f.)	grappolo	bunch	Traube	racimo
grenade (f.)	melagrana	pomegranate	Granatapfel	granada
grille-pain (m.)	tostapane	toaster	Toaster	tostador
griller	abbrustolire	to toast	grillen / toasten / rösten	tostar
griotte (f.)	amarena	morello cherry	Sauerkirsche	guinda garrafale
grive (f.)	tordo	thrush	Singdrossel	tordo
grog (m.)	grog	grog	Grog	grog
grondin (m.)	gallinella	gurnard	Knurrhahn	rubio
groseille (f.)	ribes rosso	currant	rote Johannisbeere	grosella
guéridon (m.)	guéridon	gueridon	Guéridon	velador
hache-viande (m.)	tritacarne	meat mincer	Hackmaschine / Fleischwolf	triturador de carne
hachoir (m.)	mezzaluna / tritatutto	mezzaluna chopping knife	Wiegemesser	tajadera / media luna
hamburger (m.)	hamburger	hamburger	Hamburger	hamburguesa
hareng (m.)	aringa	herring	Hering	arenque
haricot (m.)	fagiolo	bean	Bohne	judía / alubia
haricot (m.) vert	fagiolino	French bean	Grüne Bohne	judía verde
herbes (f. pl.) aromatiques	erbe aromatiche	aromatic herbs	Küchenkräuter / Gewürzkräuter	hierbas aromáticas
hiver (m.)	inverno	winter	Winter	invierno
homard (m.)	astice	lobster	Hummer	bogavante
hors-d'œuvre (m.)	antipasto	hors-d'œuvre	Vorspeise	entremés
huile (f.)	olio	oil	Öl	aceite
huître (f.)	ostrica	oyster	Auster	ostra
île (f.) flottante à la vanille	île flottante alla vaniglia	vanilla snow eggs	Vanille-Schnee-Eier	huevo de clara batida con vainilla
incorporer	incorporare	to stir	beimengen / einrühren / unterziehen	incorporar
inflorescences (f. pl.)	infiorescenze	inflorescence	Blütengemüse	inflorescencia
infusion (f.)	infuso	infusion / tea	Aufguss / Kräutertee	infusión
ingrédient (m.)	ingrediente	ingredient	Zutat	ingrediente
jambon (m.) blanc	prosciutto cotto	ham	gekochter Schinken / Kochschinken	jamón de york
jambon (m.) cru	prosciutto crudo	Parma ham	roher Schinken	jamón serrano
jeune	giovane	young	jung	jouen

Français	Italien	Anglais	Allemand	Espagnol
jus (m.) de fruits	succo di frutta	fruit juice	Fruchtsaft	zumo de fruta
jus (m.) de légumes	succo di verdura	vegetable juice	Gemüsesaft	zumo de verdura
jus (m.) d'orange	succo d'arancia	orange juice	Orangensaft	zumo de naranja / naranjada
kaki (m.)	cachi	persimmon	Kaki	caqui
ketchup (m.)	ketchup	ketchup	Ketchup	ketchup
kirsch (m.)	kirsch	kirsch	Kirschwasser	kirsch
kiwi (m.)	kiwi	kiwi	Kiwi	kiwi
kummel (m.)	kümmel	kümmel	Kümmelschnaps	kummel
kumquat (m.)	kumquat	kumquat	Kumquat	kumquat
lait (m.)	latte	milk	Milch	leche
lait (m.) chaud	latte caldo	warm milk	warme Milch	leche caliente
laitue (f.) romaine	lattuga romana	romaine	römischer Salat	lechuga romana
langouste (f.)	aragosta	lobster	Languste	langosta
langoustine (f.)	scampo	Dublin prawn	Langustine / Hummerkrabbe / Kaisergranat / Scampo	langostino
langue (f.) de chat	lingua di gatto	langue de chat	Katzenzunge	lengua de gato
lapin (m.)	coniglio	rabbit	Hauskaninchen	conejo
lapin (m.) de garenne	coniglio selvatico	wild rabbit	Wildkaninchen	conejo salvaje
laurier (m.)	alloro	bay leaf	Lorbeer	laurel
laver	lavare	to wash	waschen	limpiar
légumes (m. pl.)	verdura	vegetables	Gemüse	verduras
légumes-feuilles (m. pl.)	verdura a foglia	leafy vegetables	Blattgemüse	verdura con hojas
légumes (m. pl.) frais	verdura fresca	vegetables	frisches Gemüse	verdura
légumes-fruits (m. pl.)	verdura a frutto	fruit vegetables	Fruchtgemüse	verdura-fruta
légumes (m. pl.) secs	legumi secchi	pulse	Hülsenfrüchte / Trockengemüse	legumbres
légumes-tiges (m.pl.)	verdura a stelo	stem vegetables	Sprossgemüse	verdura-tallo
lentille (f.)	lenticchia	lentil	Linse	lenteja
levure (f.)	lievito	yeast	Hefe	levadura
lièvre (m.)	lepre	hare	Hase	liebre
lime (f.)	lime	lime	Limone	lima
limonade (f.)	gazzosa	lemonade	Limonade	gaseosa
linge (m.)	biancheria	table linen	Wäsche	mantelería
liqueur (f.)	liquore	liqueur	Likör	licor

Français	Italien	Anglais	Allemand	Espagnol
liqueur (f.) de framboise	liquore al lampone	raspberry liqueur	Himbeergeist	licor de frambuesa
liquoreux (vin)	vino liquoroso	fortified wine	likörartig	vino licoroso
litchi (m.)	litchi	lychee	Lychees	lichi
liteau (m.)	tovagliolo di servizio	bands	Serviertuch	servilleta para el servicio
lotte de mer (f.)	rana pescatrice	angler fish / monkfish	Seeteufel	rape / pejesapo
louche (f.)	mestolo	ladle	Schöpflöffel / Schöpfkelle	cazo
loup de mer (m.)	branzino	bass	Wolfsbarsch / Seebarsch	lubina
macaron (m.)	amaretto	macaroon	Makrone	mostaclone
mâche (f.)	valerianella / songino	corn salad / lamb's lettuce	Feldsalat / Ackersalat	valerianella
madeleine (f.)	madeleine	madeleine	Gebäck aus luftiger Butter-Eimasse mit Orangengeschmack parfümiert	madeleine
magnum (m.)	magnum	magnum	Doppelflasche	magnum
maison (fait)	fatto in casa	home-made	hausgemacht	hecho en casa / casero
maître (m.) de chai	responsabile della cantina	flywinemaker	Weinlagermeister	bodeguero
maître (m.) d'hôtel	maître d'hôtel	maître d'hôtel	Maître d'hôtel / Oberkellner	maître de hôtel
mandarine (f.)	mandarino	tangerine	Mandarine	mandarina
mandoline (f.)	affettaverdura	mandoline	Gemüsehobel / Mandoline	rallador multiuso
mangue (f.)	mango	mango	Mangofrucht	mango
maquereau (m.)	sgombro	mackerel	Makrele	caballa
marasquin (m.)	maraschino	maraschino	Maraschino	marrasquino
marc (m.) de Champagne	acquavite di Champagne	marc de Champagne	Champagner-traubenkern	destilado de champán
marchand (m.) de fruits et légumes	fruttivendolo	greengrocer	Obsthändler	frutero
marchand (m.) de vin	vinaio	wine merchant	Weinhändler	vinatero
mariner	marinare	to marinate	marinieren / beizen	marinar
marjolaine (f.)	maggiorana	marjoram	Majoran	mejorana
marmite (f.)	marmitta	pot	Kochtopf / Schmortopf	olla
marquise (f.) au chocolat	marquise al cioccolato	chocolate marquise	geeiste Schokoladen-mousse mit Vanillesoße und Schlagsahne	marquise de chocolate

Français	Italien	Anglais	Allemand	Espagnol
marron (m.)	castagna / marrone	chestnut	Edelkastanie	castaña
mayonnaise (f.)	maionese	mayonnaise	Mayonnaise	mayonesa
mélanger	mescolare	to mix	mischen / vermengen / verrühren	mezcelar
mélisse (f.)	melissa	lemon balm	Melisse	melisa / toronjil
melon (m.)	melone	melon	Melone	melón
ménagère (f.)	oliera completa	cruet set	Menage	juego de vinagreras
menthe (f.)	menta	mint	Pfefferminze	menta
menu (m.)	menù	menu	Menü	menú
menu (m.) dégustation	menù degustazione	tasting menu	Probiermenü	menú de degustación
meringue (f.)	meringa	meringue	Meringe / Baiser	merengue
merlan (m.)	nasello	whiting	Wittling	merlán
mérou (m.)	cernia	grouper	Barsch	mero
mets (m.)	piatto	dish	Gang / Gericht / Speise	plato
meule (m.)	forma di formaggio	whole cheese	Laib	rueda de queso
miel (m.)	miele	honey	Honig	miel
miette (f.)	briciola	crumb	Krümel	miga
mijoter	cuocere a fuoco lento	to simmer	auf kleiner Flamme kochen / bei schwacher Hitze kochen / köcheln lassen	cocer a fuego lento
milk-shake (m.)	frappé	milk-shake	Milkshake	batido
mise (f.) en place	mise en place	mise en place	Bereitstellung von Zutaten und Geräten	mise en place
mixer	frullare	to mix	mixen	batir
mixeur (m.)	frullatore	mixer	Mixer	batidor
mobilier (m.)	mobilio	furniture	Möbeleinrichtung	muebles
moelleux	pastoso	mellow	edelsüß	pastoso
molleton (m.)	mollettone	flannelette	Molton	muletón
mollusque (m.)	mollusco	mollusc / shell fish	Weichtier	molusco
mortier (m.)	mortaio	mortar	Mörser	mortero
morue (f.)	baccalà	salt cod	getrockneter Kabeljau / getrockneter Schellfisch / Stockfisch	bacalao
moule (f.)	cozza	mussel	Miesmuschel	mejillón
moule (m.)	stampo	mould	Form	molde

Français	Italien	Anglais	Allemand	Espagnol
moule (m.) à petits-fours	stampino	small mould	Formchen	molde pequeño
moulin (m.) à café	macinino da caffè	coffee grinder	Kaffeemühle	molinillo de café
moulin (m.) à légumes	passaverdura	vegetable mill	Passiergerät	pasapurés
moulin (m.) à poivre	macinapepe	peppermill	Pfeffermühle	molinillo de pimiento
mouliner	macinare	to grind	zermahlen	moler
moulinette (f.) à persil	macinaprezzemolo	parsley mincer	Petersiliemühle	molinillo de perejil
mousse (f.) au chocolat	mousse al cioccolato	chocolate mousse	Schokoladenmousse	mousse de chocolate
mousseux	spumante	sparkling wine	Schaumwein / Sekt	espumoso
moût (m.)	mosto	must	Most	mosto
moutarde (f.)	senape	mustard	Senf	mostaza
moutardier (m.)	contenitore per la senape	mustard pot	Senfbehälter	bote de mostaza
mouton (m.)	montone	mutton	Hammelfleisch	carnero
muesli (m.)	musli	muesli	Müsli	muesli
mulet (m.)	cefalo / muggine	grey mullet	Äsche / Meeräsche	maduro
mûre (f.)	mora	blackberry	Brombeere	mora
myrtille (f.)	mirtillo	blueberry	Heidelbeere	arándano
nappe (f.)	tovaglia	table-cloth	Tischtuch	mantel
napper	spennellare / nappare	to coat	übergießen / nappieren	cubrir
napperon (m.)	coprimacchia	small tablecloth	Deckchen	cubremantel
navet (m.)	rapa	turnip	Rübchen	nabo
nectarine (f.) / brugnon (m.)	pesca noce	nectarine	Nektarine	alberchiga / briñone
nèfle (f.)	nespola	medlar	Mispel	nispola
nettoyer	pulire	to clean	reinigen / putzen	limpiar
nez (m.)	degustatore di vini	nez	Experte für Geruchserziehung	nez
noisette (f.)	nocciola	hazelnut	Haselnuss	avellana
noix (f.)	noce	walnut	Nuss / Walnuss	nuece
noix (f.) de cajou (anacarde)	anacardo	cashew nut	Cashewnuss	anacardo
noix (f.) de coco	noce di cocco	coconut	Kokosnuss	coco
noix (f.) de muscade	noce moscata	nutmeg	Muskatnuss	nuez moscada
nougat (m.)	torrone	nougat	Nugat	torron
œnologue (m.)	enologo	wine expert	Önologe	enólogo
œuf (m.)	uovo	egg	Ei	huevo

Français	Italien	Anglais	Allemand	Espagnol
œuf (m.) à la coque	uovo alla coque	soft-boiled egg	weiches Ei	huevo pasado par agua
oie (f.)	oca	goose	Gans	ganso
oignon (m.)	cipolla	onion	Zwiebel	cebolla
omelette (f.)	omelette	omelette	Omelett	tortilla
orange (f.)	arancia	orange	Orange / Apfelsine	naranja
origan (m.)	origano	oregano	Oregano / Dost / wilder Majoran	orégano
oseille (f.)	acetosa	sorrel	Sauerampfer	acedera
ouvre-boîte (m.)	apriscatola	tin opener	Dosenöffner	abrelatas
ouvre-bouteille (m.)	apribottiglia	bottle-opener	Flaschenöffner	abrebotellas / abridor
paille (f.)	cannuccia	straw	Strohhalm / Trinkhalm	pajita
pain (m.)	pane	bread	Brot	pan
pain (m.) bio	pane biologico	organic bread	Bio-Brot	pan biológico
pain (m.) complet	pane integrale	wholemeal bread	Vollkornbrot	pan integral
pain (m.) de seigle	pane di segale	rye bread	Roggenbrot	pan de centeno
palourde (f.)	vongola	clam	Venusmuschel	almeja / chirla
pamplemousse (m.)	pompelmo	grapefruit	Pampelmuse / Grapefruit	pomelo
paner	impanare	to breadcrumb	panieren	empanar
papaye (f.)	papaia	papaya	Papaya	papaya
papillote (en)	al cartoccio	baked in foil	in Folie gebacken / in der Folie gegart	en papillote
paprika (m.)	paprica	paprika	Paprika	paprika
passoire (f.) à pied	scolapasta	colander	Durchschlag	colador de pasta
passoire (f.) fine	passino	strainer	Seiher	colador
pastèque (f.)	anguria / cocomero	water melon	Wassermelone	sandía
pâte (f.)	pasta (impasto)	dough	Teig	masa
pâté (m.) de foie gras	pâté di fegato d'oca	foie gras pâté	Stopfleberpastete	paté
patelle (f.)	patella	limpet	Napfschnecke	lapa
pâtes (f. pl.)	pasta	pasta	Nudeln / Teigwaren	pasta
pâtisseries (f. pl.)	pasticceria	patisserie	feine Backwaren / Konditoreiwaren Gebäck / Dessertzeugnisse	pasteles
pâtissier (m.)	pasticciere	confectioner	Konditor	pastelero
peau (f.)	buccia	peel	Haut	pellejo
pêche (f.)	pesca	peach	Pfirsich	melocotón
peler	sbucciare	to peel	schälen / putzen	pelar

Français	Italien	Anglais	Allemand	Espagnol
perche (f.)	pesce persico	perch	Barsch / Kretzer / Eglifisch	perca
perdreau (m.)	perniciotto	young partridge	junges Rebhuhn	perdiz joven
perdrix (f.)	pernice	partridge	Rebhuhn	perdiz
persil (m.)	prezzemolo	parsley	Petersilie	perejil
pesée (f.)	pesata	weighing	Abwiegen	pesaje
pèse-vin (m.)	enometro	weighs wine	Önometer	enómetro
pétillant	frizzante	slightly sparkling	prickelnd	picante
petit-déjeuner (m.)	prima colazione	breakfast	Frühstück	desayuno
petit-four (m.)	pasticcino / petit four	petit four	Kleinstgebäck / Feingebäck	pastelito / pasta de té
petit pain (m.) aux noix	panino alle noci	walnut roll	Nussbrötchen	bollo de nueces
petit pois (m.)	pisello	pea	Erbse	guisante
pétrir	impastare	to knead	kneten / durchkneten	amasar
pétrissage (m.)	impastamento	kneading	Kneten	amasijo
photophore (m.)	fotoforo	candlestick	Leuchter	porta vela
pichet (m.)	brocca	jug	kleiner Krug	jerrita
pigeon (m.)	piccione	wild pigeon	Wildtaube	pichón salvaje
pigeon (m.) d'élevage	piccione d'allevamento	pigeon	Taube	pichón
pignon (m.)	pinolo	pine nut	Pinienkern	piñone
pilon (m.)	pestello	pestle	Stößel / Stampfer	majadero
pilon (m.) à viande	batticarne	meat tenderizer	Fleischklopfer	mazo
piment (m.)	peperoncino	chilli pepper	Piment	pimentón
pimprenelle (f.)	salvastrella	burnet	Pimpinelle	pimpinela
pince (f.) à homard	pinza per crostacei	seafood / lobster cracker	Zange für Krustentiere	pinza para crustáceos
pince (f.) à pain	pinza per il pane	bread tongs	Zange für Brot	pinza para el pan
pinceau (m.)	pennello	brush	Küchenpinsel	pincel
pintade (f.)	faraona	guinea fowl	Perlhuhn	pintada
pique-nique (m.)	picnic	picnic	Picknick	picnic
pique (f.) à brochette	spiedino	skewer	Spieß	broqueta
pistache (f.)	pistacchio	pistachio nut	Pistazie	pistacho
planche (f.) à découper	tagliere	cutting board	Tranchierbrett	tabla
plaque (f.) à débarrasser	piastra	clearing tray	Platte	placa
plaque (f.) à pâtisserie	piastra per pasticceria	baking sheet	Backblech / Kuchenblech	plancha para pasteles

Français	Italien	Anglais	Allemand	Espagnol
plaque (f.) à rôtir	piastra	griddle	Grillplatte	plancha
plat (m.)	piatto / pietanza	dish	Gericht / Speise / Gang	plato
plat (m.) à gratin	piatto per gratin	gratin dish	Gratinteller	plato de gratén
plat (m.) à poisson	piatto da pesce	fish plate	Fischteller	plato de pescado
plat (m.) de résistance	secondo piatto	second course	zweiter Gang	segundo plato
plat (m.) rond	piatto rotondo	round plate	runder Teller	plato redondo
plateau (m.)	vassoio	tray	Tablett	bandeja
plateau (m.) à fromage	piatto per il formaggio	cheese plate	Teller für Käse	plato de queso
plonger	immergere	to dip	eintauchen	sumergir
plumer	spennare	to pluck	rupfen	desplumar
poche (f.) à douille	tasca per pasticceria	icing bag	Spritzbeutel / Spritztüte	manga
pocher	cuocere in un liquido bollente / affogare	to poach	pochieren / garziehen	escalfar
poêle (f.)	padella	frying-pan	Pfanne / Bratpfanne	sartén
poêle (f.) à poisson	padella per il pesce	fish pan	Fischpfanne	sartén de pescado
poêler	cuocere in padella	to pan-fry	in der Pfanne zubereiten	cocer en la sartén
poire (f.)	pera	pear	Birne	pera
poireau (m.)	porro	leek	Lauch / Porree	puerro
pois (m.) chiche	cece	chickpea	Kichererbse	garbanzo
poisson (m.)	pesce	fish	Fisch	pescado
poisson (m.) d'eau douce	pesce d'acqua dolce	fresh water fish	Süßwasserfisch	pescado de agua dulce
poisson (m.) de mer	pesce di mare	saltwater fish	Meeresfisch	pescado marino
poissonnier (m.)	pescivendolo	fishmonger	Fischhändler	pescadero
poissonnière (f.)	pescera	fish-kettle	Fischkessel	besuguera
poivre (m.)	pepe	pepper	Pfeffer	pimienta
poivrier (m.)	pepiera	pepper-pot	Pfefferstreuer	pimentero
poivron (m.)	peperone	pepper	Gemüsepaprika / Gemüsepaprika-schote	pimiento
pomélo (m.)	pompelmo rosa	grapefruit	Pampelmuse	pomelo
pomme (f.)	mela	apple	Apfel	manzana
pomme (f.) de terre	patata	potato	Kartoffel	patata
pommes frites (f. pl.)	patatine	French fries / chips	Pommes frites / Fritten	patatas fritas

Français	Italien	Anglais	Allemand	Espagnol
porc (m.)	maiale	pork	Schwein / Schweinefleisch	cerdo
pot (m.) à lait	lattiera	milk jug	Milchkanne	jarrita de leche
potage (m.)	minestra	soup	Suppe	sopa
potiron (m.)	zucca	pumpkin	großer Gemüsekürbis	calabaza
pouding (m.)	pudding	pudding	Pudding	pudin
poule (f.)	gallina	hen	Huhn / Henne	gallina
poulet (m.)	pollo	chicken	Hähnchen / Hühnchen	pollo
poulpe (m.)	polpo	octopus	Krake / Tintenfisch	pulpo
praire (f.)	tartufo di mare	clam	Venusmuschel	almeja fina
praline (f.)	pralina	praline	Praline	praline
préparation (f.)	preparazione	preparation	Zubereitung / Vorbereitung	preparación
presse-ail (m.)	spremiaglio	garlic crusher	Knoblauchpresse	picadora de ajo / prensa ajos
presse-citron (m.)	spremiagrumi	citrus-fruit juicer	Zitronenpresse	esprimidor
presse-purée (m.)	schiacciapatate	potato-ricer	Kartoffelpresse	pasapurés
presser	spremere	to squeeze / juice	drücken / pressen	exprimir
printemps (m.)	primavera	spring	Frühling	primavera
prune (f.)	prugna	plum	Pflaume	ciruela
pruneau (m.)	prugna secca	prune	Backpflaume / Dörrpflaume	ciruela seca
pulpe (f.)	polpa	pulp / flesh	Fruchtfleisch	pulpa
quartier (m.)	quarto	quarter	Viertel	cuarto
queue (f.)	picciolo	stalk	Schwanz / Fruchtstiel	pecíolo
quinquina (m.)	vino di china	cordial based on extract of cinchonas bark	Chinawein	quina
radis (m.)	ravanello	radish	Radieschen	rabanillo
rafle (f.)	graspo	grape-stalk	Traubenkamm	racimo
rafraîchir	lasciar raffreddare	to let something cool	kühlen / kalt stellen / abschrecken	enfriar
raie (f.)	razza	skate / ray	Rochen	raya
raisin (m.)	uva	grape	Traube	uva
raisin (m.) sec	uva passa	raisin	Sultanine / Rosinen	pasas
râpe (f.) à fromage	grattugia	grater	Reibe	rallador
râpe (f.) à muscade	grattugia per noce moscata	nutmeg grater	Muskatnussreibe	rallador para nuez muscada
râper	grattugiare	to grate	raspeln / reiben	rallar
rascasse (f.)	scorfano	scorpion fish	Rascasse / Drachenkopf	cabracho / gallineta

Français	Italien	Anglais	Allemand	Espagnol
ravier (m.) à beurre	burriera	butter dish	Butterdose	mantequillera
recette (f.)	ricetta	recipe	Rezept	receta
recouvrir	ricoprire	to coat	bedecken	recubrir
réfrigérateur (m.)	frigorifero	refrigerator	Kühlschrank	frigorífico / nevera
religieuse (f.) au chocolat	religieuse al cioccolato	chocolate eclair	Schokoladenreligieuse	religieuse de chocolate
repas (m.)	pasto	meal	Mahlzeit	comida
réserver	mettere da parte	to preserve	aufbewahren	reservar
restaurant (m.)	ristorante	restaurant	Restaurant	restaurante
restaurant (m.) à thème	ristorante a tema	themed restaurant	Themenrestaurant	restaurante temático
restaurant (m.) ethnique	ristorante etnico	ethnic restaurant	Ethnorestaurant	restaurante étnico
restaurant (m.) rapide	fast food	fast service restaurant	Schnellimbiss	burguer
réveillon (m.)	cenone	new year's Eve dinner	großes Abendessen	cena de Nochebuena / cena de Nochevieja
rhum (m.)	rum	rum	Rum	ron
rincer	sciacquare	to rinse	ausspülen / spülen	aclarar / enjuagar
riz (m.)	riso	rice	Reis	arroz
robe (f.)	colore	colour	Farbe	color
romarin (m.)	rosmarino	rosemary	Rosmarin	romero
rondelle (f.)	rondella	slice	rundes Scheibchen	rodaja
roquette (f.)	rucola	rocket	Rauke / Ruccola	ruca
rôtir	arrostire	to roast	scharf anbraten / braten	asar
rouget (m.)	triglia	red mullet	Rotbarbe	salmonete
rouleau (m.) à pâtisserie	matterello	rolling-pin	Nudelholz / Rollholz	rodillo
roulette (f.) à pâte	rotella per pasta	pastry cutter	Teigrädchen	rueda de cortar
russe (m.)	casseruola	casserole dish	Schmortopf	olla / cazuela
safran (m.)	zafferano	saffron	Safran	azáfran
saint-honoré (m.)	saint-honoré	Saint Honoré	Saint-Honoré-Torte	saint-honoré
saint-pierre (m.)	pesce San Pietro	John Dory / Dory	Petersfisch	pez de San Pedro
saison (f.)	stagione	season	Jahreszeit	estación
salade (f.)	insalata	salad	Salat	ensalada
salade (f.) de fruits	macedonia	fruit salad	Obstsalat / Fruchtsalat	macedonia
saladier (m.)	insalatiera	salad bowl	Salatschüssel	ensaladera
salière (f.)	saliera	saltcellar	Salzstreuer	salero
sandwich (m.)	panino imbottito	sandwich	Sandwich	bocadillo

Français	Italien	Anglais	Allemand	Espagnol
sanglier (m.)	cinghiale	wild boar	Wildschwein	jabalí
sardine (f.)	sardina	sardine	Sardine	sardina
sarriette (f.)	santoreggia	savory	Bohnenkraut	ajedrea
saucier (m.)	casseruola per salsa	saucepan	Soßenkoch	cazo
saucière (f.)	salsiera	sauce boat / gravy boat	Soßenschüssel	salsera
saucisse (f.)	salsiccia	sausage	Würstchen / kleinere Wurst	salchicha
saucisson (m.)	salame	salami	Wurst / Salami	salami / salchichón
sauge (f.)	salvia	sage	Salbei	salvia
saumon (m.)	salmone	salmon	Salm / Lachs	salmón
saupoudrer	cospargere / spolverizzare	to spread	bestreuen / überstreuen	rociar
saupoudreuse (f.)	spargizucchero	sugar shaker	Streudose	colador para el azucar
sauter	saltare	to stirfry / to sauté	sautieren / kurz braten	saltear
sauteuse (f.)	casseruola bassa	saucepan	Pfanne mit schrägem Rand	cajerola baja
sautoir (m.)	tegame	frying pan	Flachkasserolle	sartén
seau (m.) à glace	secchiello per il ghiaccio	ice bucket	Sektkühler	cubo para hielo
sec	secco	dry / dried	trocken	seco
seiche (f.)	seppia	cuttlefish	Tintenfisch	jibia / chipirone
sel (m.)	sale	salt	Salz	sal
serpolet (m.)	(timo) serpillo	wild thyme	Feldthymian	serpol
serviette (f.)	tovagliolo	table napkin	Serviette	servilleta
servir	servire	to serve	servieren / aufwarten / bedienen	servir
sésame (m.)	sesamo	sesame	Sesam	sésamo
shaker (m.)	shaker	shaker	Shaker	mezclador
siphon (m.) d'eau de Seltz	sifone per selz	soda water siphon	Siphon für Sodawasser	sifón de agua de Seltz
sirop (m.)	sciroppo	syrup	Sirup / Läuterzucker	jarabe
soda (m.)	(acqua di) soda	soda	Soda	soda
sole (f.)	sogliola	sole	Seezunge	lenguado
sommelier (m.)	sommelier	sommelier	Sommelier / Weinkellner	sumiller
sorbet (m.)	sorbetto	sorbet	Fruchtsafteis / Sorbet	sorbete

Français	Italien	Anglais	Allemand	Espagnol
sorbet (m.) à la fraise	sorbetto alla fragola	strawberry sorbet	Erdbeere-Sorbet	sorbete de fresa
soucoupe (f.)	piattino	saucer	Untertasse	platillo
soufflé (m.)	soufflé	soufflé	Soufflé / Auflauf	suflé
soupe (f.)	zuppa / minestra	soup	Suppe	sopa
sous-chef (m.)	secondo chef	Assistant head chef	Sous-Chef / Stellevertretender Küchenleiter	cocinero segundo
sous-tasse (f.)	sottotazza	saucer	Untertasse	platillo
spatule (f.)	spatola	spatula	Spachtel / Spatel	espátola
sucre (m.) glace	zucchero a velo	icing sugar	Puderzucker / Staubzucker	azúcar de flor
sucre (m.) semoule	zucchero semolato	sugar	Zucker	azúcar refinada
sucrer	zuccherare	to sweeten	zuckern	azucarar
tabasco (m.)	tabasco	Tabasco sauce	Tabascosauce	tabasco
table (f.) carrée	tavolo quadrato	square table	quadratischer Tisch	mesa cuadrada
table (f.) rectangulaire	tavolo rettangolare	rectangular table	rechteckiger Tisch	mesa rectangular
table (f.) ronde	tavolo rotondo	round table	runder Tisch	mesa redonda
table (f.) roulante	carrello di servizio	trolley	Servierwagen	carrito
talon (m.)	fondo di formaggio	piece of cheese	Endstück	fondo de queso
tamis (m.) à farine	setaccio da farina	sieve	Sieb	tamizador
tanche (f.)	tinca	tench	Schleie	tenca
tarte (f.) aux fruits	crostata di frutta	fruit tart	Obstkuchen	tarta de frutas
tarte (f.) Tatin	torta Tatin	tarte Tatin	Tatin-Mürbeteigkuchen	tarta Tatin
tartelette (f.)	crostatina	tartlet	Törtchen / Tortelett	tartita
tartiner	spalmare	to spread	bestreichen	untar
tartineur (m.)	coltello spalmaburro	butter knife	Buttermesser	cuchillo untador
tasse (f.)	tazza	cup	Tasse	taza
tasse (f.) à bouillon	tazza da consommé	soup cup	Brühetasse	taza de caldo
tasse (f.) à café	tazza da caffè	coffee cup	Kaffeetasse	tacita de café
tasse (f.) à moka	tazza da caffè espresso	espresso cup	Mokkatasse	tacita de café exprés
tasse (f.) à thé	tazza da tè	tea cup	Teetasse	taza de té
tasse (f.) de café	tazza di caffè	cup of coffee	Tasse Kaffee	taza de café
taste-vin (m.)	taste-vin	tastevin	Weinheber	taste-vin
tequila (f.)	tequila	tequila	Tequila	tequila
thé (m.)	tè	tea	Tee	té
thon (m.)	tonno	tuna	Thunfisch	atún

Français	Italien	Anglais	Allemand	Espagnol
thym (m.)	timo	thyme	Thymian	tomillo
tilleul (m.)	tiglio	linden	Linde	tilo
tire-bouchon (m.)	cavatappi	corkscrew	Korkenzieher	sacacorchos
tirer	spillare	to uncork / open	entkorken	destapar
tisane (f.)	tisana	tisane	Kräutertee	infusión
tomate (f.)	pomodoro	tomato	Tomate	tomate
tonic (m.)	tonico	tonic	Tonic	tónico
tonneau (m.)	botte	barrel	Fass	tonel
torchon (m.)	canovaccio / strofinaccio	dish cloth	Geschirrtuch	trapo / paño / estropajo
tourteau (m.)	granciporro	crab	Meereskrebs	buey de mar
tranche (f.)	fetta	slice	Scheibe / Schnitte	loncha / rebanada
tranche-lard (m.)	coltello da bistecca	steak knife	Sägemesser	cuchillo de carne
tranquille	fermo	still	still	firme
transvaser	travasare	to decant	umfüllen	transvasar
trognon (m.)	torsolo	core	Strunk	corazón
truffe (f.)	tartufo	truffle	Trüffel	trufa
truite (f.)	trota	trout	Forelle	trucha
tubercules (m. pl.)	tuberi	tubers	Wurzelgemüse	tubérculos
turbot (m.)	rombo	turbot	Steinbutt	rodaballo
ustensile (m.)	attrezzo	utensil	Apparat / Gerät	utensilio
vacherin (m.)	vacherin	vacherin ·	Eistorte mit Baisermasse verziert	vacherin
vanille (f.)	vaniglia	vanilla	Vanille	vainilla
vase (m.)	vaso da fiori	vase	Blumenvase	florero
veau (m.)	vitello	veal	Kalb / Kalbfleisch	ternero
vermouth (m.)	vermut	vermouth	Wermut	vermut
verre (m.) à dégustation	bicchiere da degustazione	wine-tasting glass	Probierglas	vaso para degustar
verre (m.) à eau	bicchiere da acqua	water glass	Wasserglas	vaso para agua
verre (m.) à liqueur	bicchiere da liquore	liqueur glass	Likörglas	copa para licor
verre (m.) à vin	bicchiere da vino	wine glass	Weinglas	copa para vino
verre (m.) à vin d'Alsace	bicchiere per vino d'Alsazia	Alsace wine glass	Alsace Weinglas	copa para vino de Alsacia
verre (m.) à vin de Bordeaux	bicchiere per vino di Bordeaux	Bordeaux wine glass	Bordeaux Weinglas	copa para vino de Bordeaux
verre (m.) à vin de Bourgogne	bicchiere per vino di Borgogna	Bourgogne wine glass	Bourgogne Weinglas	copa para vino de Borgoña
verveine (f.)	verbena	vervain	Eisenkraut	berbena
viande (f.)	carne	meat	Fleisch	carne

Français	Italien	Anglais	Allemand	Espagnol
vide-pomme (m.)	levatorsoli	apple corer	Apfelausstecher	descorazonador de manzanas
vieilli	invecchiato	aged	gelagert	envejecido
viennoiseries (f. pl.)	pasticceria	pastries	Gebäckmischung	pasteles
vieux	vecchio	old	alt	viejo
vigneron (m.)	vignaiolo	vintner / winemaker	Winzer	viñador
vin (m.)	vino	wine	Wein	vino
vin (m.) blanc	vino bianco	white wine	Weißwein	vino blanco
vin (m.) de paille	vino passito	sweet raisin wine	Trockenbeerenwein	vino de pasas
vin (m.) nouveau	vino novello	new wine	Primeurwein	vino nuevo
vin (m.) rosé	vino rosé	rosé wine	Roséwein	vino rosado
vin (m.) rouge	vino rosso	red wine	Rotwein	vino tinto
vinaigre (m.)	aceto	vinegar	Essig	vinagre
vinaigrette (f.)	vinaigrette	vinaigrette sauce	Vinaigrette	vinagreta
vodka (f.)	vodka	vodka	Vodka	vodka
volaille (f.)	pollame	poultry	Geflügel / Geflügelfleisch	aves de corral
whisky (m.)	whisky	whisky	Whisky	whisky
yaourt (m.)	yogurt	yoghurt	Joghurt	yogur
zeste (m.)	scorza di agrume	peel	Schale (Zitrusfrüchte) / Zesten	piel / cáscara

Mes mots	Le mie parole	My words	Meine Wörter	Mis palabras
....	....	....	....	....
....	....	....	....	....
....	....	....	....	....
....	....	....	....	....
....	....	....	....	....
....	....	....	....	....
....	....	....	....	....
....	....	....	....	....
....	....	....	....	....
....	....	....	....	....
....	....	....	....	....
....	....	....	....	....
....	....	....	....	....
....	....	....	....	....
....	....	....	....	....
....	....	....	....	....
....	....	....	....	....
....	....	....	....	....
....	....	....	....	....
....	....	....	....	....
....	....	....	....	....
....	....	....	....	....
....	....	....	....	....